Uwe Herith

Migration und Mobilität in Ostchina

MITTEILUNGEN
DES INSTITUTS FÜR ASIENKUNDE
HAMBURG

-- Nummer 200 --

Uwe Herith

Migration und Mobilität in Ostchina

Hamburg 1991

Redaktion der Mitteilungsreihe des Instituts für Asienkunde:
Dr. Brunhild Staiger

Gesamtherstellung: Lit Verlag, Münster-Hamburg
Textgestaltung: Dörthe Riedel

ISBN 3-88910-095-3
Copyright Institut für Asienkunde
Hamburg 1991

**VERBUND STIFTUNG
DEUTSCHES ÜBERSEE-INSTITUT**

Das Institut für Asienkunde bildet mit anderen, überwiegend regional ausgerichteten Forschungsinstituten den Verbund der Stiftung Deutsches Übersee-Institut.

Dem Institut für Asienkunde ist die Aufgabe gestellt, die gegenwartsbezogene Asienforschung zu fördern. Es ist dabei bemüht, in seinen Publikationen verschiedene Meinungen zu Wort kommen zu lassen, die jedoch grundsätzlich die Auffassung des jeweiligen Autors und nicht unbedingt des Instituts für Asienkunde darstellen.

Inhaltsverzeichnis

Vorwort	7
Einleitung	9
Regionale Strukturbedingungen der Bevölkerungsbewegungen	19
Zhejiang	26
Allgemeine Produktionsbedingungen auf dem Land	26
Bodennutzung	27
Einkommensstruktur	29
Mobilitäts- und Migrationsformen	31
Jiangsu	40
Allgemeine Produktionsbedingungen auf dem Land	40
Bevölkerungsdruck und Siedlungspolitik	42
Mobilitäts- und Migrationsformen	45
Haushaltstypen und Einkommen	50
Shanghai	59
Wohnen	59
Verkehr	60
Stadtentwicklung	62
Erwerbsstruktur	64
Mobilitäts- und Migrationsformen	67
Haushaltsstruktur	74
Altersversorgung	77
Fazit	92
Anmerkungen	105
Literatur in chinesischer Sprache	117
Literatur in westlichen Sprachen	130
Summary in English	133

"Solange das Volk sich satt essen kann,
ist alles andere einfach."

Deng Xiaoping

Vorwort

Die Arbeit versteht sich als Regionalstudie der Stadt Shanghai und der Provinzen Jiangsu und Zhejiang. Diese küstennahen Gebiete gehören zu den wirtschaftlich entwickeltsten Gebieten der Volksrepublik China; gleichwohl kann man in ihnen tiefgreifende soziale und wirtschaftliche Entwicklungsunterschiede ausmachen, an denen sich die Wirkungen der Umgestaltungsmaßnahmen der chinesischen Führung im Rahmen der Politik von Reform, Modernisierung und Öffnung gegen den Westen darstellen lassen.

Der in den Lehren der Volkswirtschaft befangene Blick liest die Maßnahmen im Zuge der Reformpolitik meist entelechisch; danach gilt es als ausgemacht, daß auch die Kommunisten nunmehr die Überlegenheit der Marktwirtschaft anerkennen und die ergriffenen Maßnahmen dieser Einsicht Rechnung tragen. Daß die Reformkommunisten der KPCh dieser Ansicht Vorschub leisten, indem sie sich anerkennend gegenüber der Warenverkehrswirtschaft äußern und sie in ihr teleologisches Geschichtsmodell einbinden, trägt nicht unwesentlich dazu bei, daß sich die westlichen Interpreten in ihrer Vorstellung bestätigt sehen, es handele sich beim Reformprogramm wesentlich um ein Wirtschaftsprogramm. Dieser Ausrichtung des interpretatorischen Blickes entspricht eine Interessenkongruenz zwischen westlichen Beobachtern und den Reformpolitikern, insofern man sich beiderseits des Auslegungsmonopols der gesellschaftlichen Vorgänge zu versichern gedenkt. Wenn man unterstellt, daß das politische Ziel der Kommunistischen Partei der VR China die Aufrechterhaltung der sozialen Stabilität durch wirtschaftliche Entwicklung ist, bleibt die Interessenübereinstimmung mit dem Westen solange gewahrt, wie dessen Wirtschaftsführer die chinesische Gesellschaft als marktträchtig ansehen können. Demzufolge taxieren chinesische wie westliche Beobachter ihre Darstellungen an der Chance, sich ihre Kommentatorenposition als Option auf die Zukunft offen zu halten. Will man sich als Experte berufen wissen, ist ein gewisser methodischer Opportunismus unumgänglich. Aus methodenkritischer Sicht mag man dies bedauern; für eine berufliche Bestallung ist professionelle Zweckmäßigkeit gefordert.

Unbeschwert von professionellen Gewohnheiten - und auf die Gefahr hin, am Markt der gut eingeführten und gut verkauften Interpretationen vorbei zu produzieren - schlage ich vor, die erste Dekade der Reform in der Volksrepublik China im Kontext der demographischen Transformation zu betrachten. Nach gängiger Darstellung beschreibt die demographische Transformation den Prozeß der Modernisierung einer Gesellschaft in den Bezügen des Übergangs von einem sogenannten "verschwenderischen" zu einem sogenannten "sparsamen" Bevölkerungstyp. Der verschwenderische Bevölkerungstyp ist durch hohe, der sparsame Bevölkerungstyp durch niedrige Fruchtbarkeit und Sterblichkeit gekennzeichnet, der Übergang von einem zum anderen Typ durch die Tatsache, daß die Mortalität vor der Fertilität zurückgeht. Jede Kultur wird sich dieses Übergangs auf verschiedene Weise bewußt und sucht ihren Weg der Bewältigung. Europa dehnte sich auf drei Kontinente aus, die aus seiner Sicht leer waren; anderen Kulturen ist diese expansiv-koloniale Möglichkeit verwehrt. Das entbindet sie nicht der Schwierigkeiten, für die eigene Entwicklung Lösungen zu suchen. Der Vorschlag, dem westlichen Entwicklungsmodell nachzueifern, indem man die Modernisierung über die Entwicklung der Warenverkehrswirtschaft sucht, stößt auf die Schwierigkeit, daß man die Überschußbevölkerung nicht mehr einfach exportieren kann. Die chinesische Führung sah sich folglich der Situation gegenüber, eine eigene Lösung des Transformationsproblems zu finden. Die Auflösung der ländlichen Volkskommunen Ende der siebziger Jahre und die schrittweise Einführung der Vertragsverantwortungssysteme mit der Familie als wirtschaftsführender Einheit stellen einen Versuch dar, durch Restrukturierung der Wirtschaftseinheiten zur Lösung des Bevölkerungsproblems beizutragen. Indem die chinesische Führung den Haushalt auf dem Lande als zentrale Versorgungs- und Produktionseinheit wiedereinführte, übertrug sie nicht nur einen Teil der Verantwortung für die Wirtschaftsführung auf die Bauernhaushalte zurück, sie hob auch die Bindung des früheren Kommunemitgliedes an die Arbeitsplanung der Kommune auf. Eine Folge dieser Aufhebung der Bindung an eine politisch geplante Arbeitsteilung ist die Freisetzung ländlicher Arbeitskräfte, mit der eine auffallende Statusverschiebung in der Versorgungshierarchie einhergeht. Sichtbare Zeichen dieser Veränderungen sind die Mobilität und die Migration ländlicher Arbeitskräfte. Deren Bewegungsformen in den oben genannten Regionen sind Gegenstand dieser Darstellung.

Sie fußt zum größten Teil auf chinesischem Material, das ich bei einem zweijährigen Aufenthalt 1986 bis 1988 am Wirtschaftsforschungszentrum der Fudan Universität in Shanghai sammeln konnte. Einige Entwicklungen habe ich anhand der Daten, die das staatliche Statistikamt der VR China über die vierte Volkszählung vom 1. Juli 1990 Ende des Jahres 1990 veröffentlicht hat, fortzuschreiben versucht. Meinen chinesischen Freunden und Lehrern bin ich für ihre großzügige Hilfe bei der Beschaffung und Bereitstellung des Materials sowie für zahllose fruchtbare Gespräche und Erläuterungen dankbar. Bald wichtiger aber war mir der alltägliche Augenschein; nur in der täglichen Spiegelung des Gelesenen im Erfahrenen konnte sich ein Gespür für das Überwältigende des demographischen Transformationsprozesses herausbilden, und ich mußte leider feststellen, wie schnell die Enteignung der Erfahrungen vor sich geht, wenn einem wenig mehr als Erinnerung bleibt, zumal dann, wenn diese von der Gesellschaft, in der man lebt, nicht geteilt werden kann, die sich aber häufig genug auch wehrt, wenn sie sich einer Wirklichkeit gegenübersieht, die nicht ihrem Wahrnehmungsmodell entspricht. Das Mißtrauen, dem ich mich gegenübersah, als ich aus China zurückkehrte, war und ist bei weitem der größere Kulturschock.

Duisburg, den 16. Mai 1991
Uwe Herith

Einleitung

Für ein Land, das seinem kulturellen Selbstverständnis nach das Reich der Mitte ist, kann eine Annäherung von den Rändern her eine heterodoxe Aufklärung über bindende Zusammenhänge des gesellschaftlichen Lebens und ihrer verpflichtenden Regelungen versprechen. Wenn also Liu Hantai in seinem Bericht über die chinesische Bettlergesellschaft den achtunddreißigjährigen Ge, dessen Bettlerkarriere nun schon ins dritte Jahrzehnt geht, mit den Worten anführt: "Ich bin ein vagabundierender Hanchinese, ohne Familie, die Familie habe ich auf dem Rücken. Die Familie ist mein Schatten, gehe ich irgendwo hin, folgt sie mir auf Schritt und Tritt,"[1] und Ge weiter ausführen läßt, daß es für ihn belanglos sei, ob er Familie hätte oder nicht, so dienen diese Ausführungen vorzugsweise dazu, einen Kontrast zur Regel aufzurichten. Und die Regeln fügt Liu Hantai der Selbstdarstellung direkt als Kommentar an; danach definiert sich die Familie wie folgt: "Die Familie ist das Reich des Vaters, die Welt der Mutter, das Paradies des Kindes; sie ist auch die Festung des Individuums, die Zuflucht der Seele, der Ort der Ruhe für den Menschen, die Wiege der Menschheit. Ein Mensch, der keinen Familiensinn hat, trägt auch keine Verantwortung, und wer keine Verantwortung trägt, wird sich nicht offen und ehrlich zu benehmen wissen und folglich eine ungewisse Zukunft vor sich haben. Denn es ist doch so: Wer seine Familie verläßt, erntet Schimpf und Schande!"[2] Die Mengzi-Sentenz, auf die Liu Hantai anspielt, läßt im Original anklingen, daß das Verhalten eines einzelnen, so es nicht den gesellschaftlichen Gepflogenheiten entspricht, auf eben den einzelnen zurückfällt. Doch bekommt Liu Hantai dort Schwierigkeiten mit der Apologie der herrschenden Verhältnisse, wo diese selbst fraglich werden. Immerhin ist er aufgeschlossen genug, am Beispiel der siebzehnjährigen Li, die mit ihrem Vater seit mehr als zehn Jahren bettelnd durchs Land zieht, einige Fragwürdigkeiten aufzuwerfen und mit der Losung des Mengzi festzustellen, daß zwar derjenige, der sich selbst mißachtet, auch von den anderen mißachtet wird, daß aber auch der Staat, der gegen sich selbst zu Felde zieht, von den Menschen bekriegt wird. Bei Mengzi hat ein solcher Staat den Weg - dao - verloren und wird infolgedessen die Fähigkeit zur Herrschaft über die Menschen verlieren; kann aber der Staat nicht mehr regieren, verlieren die Menschen den Frieden und mit dem Unfrieden kommen Wirrwarr und Unordnung über sie. Die Bettelei ist Vorzeichen eines solchen Durcheinanders. Sie verweist auf ein tatsächliches gesellschaftliches Ordnungsproblem, das Liu Hantai darin ausmacht, daß das städtische Leben für die Bauern eine starke Anziehungskraft gewonnen hat und viele von ihnen deshalb in die Städte streben; und, wie im Fall der Siebzehnjährigen, nicht immer auf legale Weise. Die Stellung der gesellschaftlichen Gruppen zueinander kommt in Bewegung und mit ihnen die gefügte staatliche Ordnung. Zwar beschwört Liu Hantai in Gestalt der Bettler die Gefahr unerträglicher Blähungen der Städte, doch kommt er nicht umhin, einige der Äußerungen der jungen Bettlerin, die ungeliebte Tatsachen zum Ausdruck bringen, wiederzugeben. Li mißfällt das Leben auf dem Land, es ist ihr zu bitter, die Stadt sei gut, dort gebe es Hochhäuser, Hotels, große Straßen, Autos, Parks, Kneipen; es gebe viel zu sehen, zu hören und überhaupt besseres Essen und andere schöne Dinge. Auf dem Land gibt es das alles nicht. Doch zum Leben brauche der Mensch Geld, vor allem in der Stadt, deshalb arbeite sie auch ab und zu; meist jedoch bettele sie. Denn arbeiten sei schwierig, wenn man wie sie keinen *hukou* - keinen registrierten städtischen Wohnsitz habe. Würden sie und mit ihr andere Bettler aus einer Stadt verjagt, gingen sie eben in eine andere Stadt: "Hihi, der *hukou* ist austauschbar. Wenn man uns ausreisen ließe, wären wir nicht mehr 'Bürger zweiter Klasse', sondern 'Weltbürger'. Es gibt Leute, die sagen, wir sollten nicht in die Stadt kommen und dort lärmen. Aber ich frage mich, wieso so viele Leute die Hintertür öffnen, um in die Stadt zu kommen, wir aber nicht kommen dürfen? Nur, weil wir keine Beziehungen, die einem die Türen öffnen, haben? Die Stadt, sie ist für mich kein tränengetränkter Irrgarten. Die große Tür zur Stadt ist für uns nicht versperrt. Wir sind bereits von der Stadt verwöhnt, sie kann uns nicht verjagen. Hihi, wir sind die Stadtbewohner mit der allgemeingültigen Aufenthaltserlaubnis, wir müssen nicht mehr durch die Hintertür eintreten!"[3]

Daß die Bettelei überhaupt noch existiert, rüttelt an den Festen der Staatsraison; und wo ist diese besser beschrieben als in den "Bestimmungen über das Meldewesen der Volksrepublik China"?[4] Mit diesen Bestimmungen werden als wesentliche Aufgaben des Meldewesens der Schutz der öffentlichen Ordnung, der Schutz der Rechte und des Wohlergehens des Volkes sowie der Dienst am sozialistischen Aufbau festgelegt und für alle Bürger der Volksrepublik verbindlich gemacht. Als Bürger der Volksrepublik hat man sich dem Meldegesetz entsprechend registrieren zu lassen, was umgekehrt bedeutet, daß ohne eine entsprechende amtliche Registrierung der Status als Bürger ungeklärt bleibt. Denn die Registrierung dient vor allem der Feststellung des Status - *shenfen* - und somit der Deklarierung der sozialen Identität des Bürgers. Registriereinheit für das Meldewesen ist der Haushalt; für jeden Haushalt wird ein Haushaltsvorstand, der für die Anmeldung von Veränderungen verantwortlich ist, bestimmt. Dabei hat die Registrierung am permanenten Wohnsitz zu erfolgen, und ein Bürger kann nur einen permanenten Wohnsitz haben. Wer sich länger als drei Tage an einem anderen als seinem Hauptwohnort aufhält, muß sich mit einer zeitweisen Adresse registrieren lassen, für Hotels gilt diese Bestimmung ab dem ersten Tag. Auf dem Land gilt statt der Dreitagefrist eine Zehntagefrist. Weg- und Zuzug werden registriert und bedürfen der besonderen Zustimmung der jeweiligen Behörden. Eine Ansiedlung ist nur erlaubt, wenn (1) der Wegzugsort eine Stadt, der Zuzugsort das Land ist oder wenn es sich (2) um Bewegung auf dem Lande oder zwischen gleichrangigen Städten handelt und es befriedigende Gründe für den Umzug gibt.

Die Registrierung der Land- bzw. der Stadtbevölkerung wird aufgrund der gesellschaftlichen Arbeitsteilung und der damit einhergehenden unterschiedlichen Lebensführung verschieden behandelt.

Einleitung 11

Die Handhabung der Stadtregistrierung: Eine Stadtregistrierung für einen Haushalt wird grundsätzlich durch die Suborgane eines städtischen Amtes für öffentliche Sicherheit durchgeführt. Je nach Wohndichte in den Straßen und der Situation der Haushalte werden Verantwortungsbezirke eingerichtet, die von einem Bereichsbeamten der Polizei geleitet werden; auch die Aktivitäten der Aktivisten und der Massen im Meldebezirk unterstehen der Polizei.

Die Handhabung der Landregistrierung: Die Registrierung erfolgt über ein doppeltes System, das von den Kommunen und den Arbeitsbrigaden benutzt wird. Aufgrund der größeren Bodenständigkeit der ländlichen Haushalte werden nur Geburt, Tod und Migration registriert. Die Produktionsbrigade führt Buch über Geburt und Tod und meldet Veränderungen an die Gemeindeverwaltung weiter. Die Kommunen sammeln alle Daten über die Haushalte und halten diese auf dem jeweils neuesten Stand. Sie sind zugleich die Grundeinheiten, die für die Sammlung statistischer Daten verantwortlich sind, da über sie auch die Bevölkerungspolitik, die Steuerpolitik etc. umgesetzt und verwirklicht werden. Da die Kontrolle der Bevölkerung ein wesentlicher Aspekt des Meldewesens ist, wird die Migration nur in Ausnahmefällen, die in den "Bestimmungen" des Jahres 1958 besonders geregelt werden und bestimmte Anstellungszertifikate aus der Stadt voraussetzen, erlaubt. Die Staatsführung begründet die Bewegungskontrolle der Bevölkerung mit dem Anspruch der Nation, sich selbst versorgen zu können, sowie der soziopolitischen Zielsetzung des Staates: Die Ernährung der Bevölkerung genießt höchste Aufmerksamkeit.

Die historische Umsetzung dieses Staatsziels ging mit dem Aufbau der staatlichen Verwaltung einher; in seiner Diskussion der Einheit - danwei - als allgemeiner Form des sozialen Lebens in den Städten der chinesischen Gesellschaft erwähnt Lu Feng die Politik der Selbstversorgung in den Stützpunktgebieten, die die Partei zur Zeit des Kriegskommunismus praktizierte, und bezeichnet die Strukturen, die die Stützpunktgebiete ausbildeten, als "embryonale Form der Einheit"[5]. Die Erfahrungen, die Partei und Armee in den Stützpunktgebieten gemacht hatten, prägten ihren Führungsstil beim Aufbau der Verwaltung im gesamten Land und übten maßgeblichen Einfluß auf die Organisation des wirtschaftlichen Lebens aus. In der Einheit als zentralem Organisationskomplex konnten sich politische, militärische, wirtschaftliche und kulturelle Entwürfe machtvoll verflechten, um den Gestaltungsprozeß für die chinesische Gesellschaft voranzutreiben. Für die politische Führung war die Idee der Organisation verpflichtende Ideologie, aus ihr leiteten sich alle Entwürfe zur Gestaltung des staatlichen und gesellschaftlichen Aufbaus ab, und was lag näher, als eine Organisationsweise zu übernehmen, die sich in den Jahren des Kampfes erprobt und bewährt hatte.

Der Mikrokosmos der gesamten Gesellschaft gestaltet sich aus Einheiten; sämtliche gesellschaftlichen Bewegungen kreisen um die Einheit, werden hinsichtlich der Einheit geregelt. Sie wird zum Zentrum der Industrialisierung gemacht, auf sie wird die Organisation der Landwirtschaft mit Volkskommunen und dem System des staatlichen An- und Verkaufs bezogen, über sie wird die Bevölkerung gesondert und den Menschen ihre Stellung in der Gesellschaft zugewiesen. Letztlich ist es die Einheit, über die die vollständige Trennung von Stadtbevölkerung und Landbevölkerung verwirklicht wird. Denn einmal schaltet das staatliche Handelsmonopol mit dem Markt den Ort, an dem sich die gesellschaftlichen Produzenten begegnen können, aus, zum anderen werden die gesellschaftlichen Bewegungen der Individuen im sozialen Raum mittels des Registriersystems beschränkt. Der Arbeiter in der Einheit ist nach Ansicht des Staates nicht Lohnarbeiter, der seine Arbeitskraft auf dem Markt anbietet, er wird vielmehr zum Herrn des gesellschaftlichen Reichtums mit umfassendem Versorgungsanspruch stilisiert. Für jeden Beschäftigten ist die Einheit von überragender Bedeutung; er bezieht nicht nur seinen Lohn von ihr, auch Wohnung, Lebensmittelsubventionen, Rente und andere soziale Leistungen werden über die Einheit organisiert und verteilt. Innerhalb der Einheit kann man seine Arbeit nicht verlieren, man kann sie allerdings auch nicht selbständig wechseln. Geburt, Altern, Krankheit und Tod, alles ist Angelegenheit der Einheit. In der Folge werden die Betriebsführung und das Lohnniveau nicht durch die ökonomischen Betriebsverhältnisse und die Markterfordernisse bestimmt, sondern die Arbeiter in der Einheit erwerben aufgrund ihrer funktionalen Anzahl den Anspruch auf einen bestimmten Teil des geplanten Etats. Die Stellung im Plan und der daraus resultierende Anspruch auf einen Teil des gesellschaftlichen Produkts legen den sozialen Status des jeweiligen Produzenten fest. Dieser Status unterliegt wegen der administrativen Struktur des Organisationkomplexes Einheit fortan keinem wesentlichen Wandel mehr.

Doch rufen die mit dem Status verbundenen Rechte bei den Mitgliedern der Einheit einen bestimmten Fatalismus gegenüber den als unwandelbar erscheinenden gesellschaftlichen Verhältnissen hervor. Dieser der Organisationsform entspringende Fatalismus entfaltet seine Dialektik in der Uniformierung der Lebensansprüche; zum einen leistet er für die Macht die Vereinheitlichung der Herrschaft, indem jede Einheit dem Staat und jedes Individuum der Einheit eingegliedert und von dieser kontrolliert wird. Zum andern erlischt die spontane, den Gelegenheiten eines vorteilbietenden Marktes entspringende ökonomische Initiative, und das Arbeitsverhalten nivelliert sich auf dem Niveau des Schlendrian. Dieser Schlendrian prägt nicht nur das Verhalten der einzelnen in der Einheit, es prägt auch die Einheit dort, wo sie besondere Leistungen für die Gesamtheit zu bringen hat; denn wenn die gesamte Wirtschaftsführung der Fabrik als Einheit - von der Zuteilung der Rohstoffe, der Produktion, dem Verkauf bis zur Lohngestaltung - den Planerfordernissen unterliegt und so ein Organ und Werkzeug der Verwaltung zur Planerfüllung ist, verlieren die Entscheidungen häufig ihre ökonomisch rationale Bedeutung: Nutzung des Gewinns und Gewinnabführung, Verhältnis des Gewinns zur Produktivität der Arbeit, Gewinn und Neuinvestition, Kopplung des Lohns an die Produktivität der Arbeit etc. unterliegen den Opportunitäten des Plans.

Der Einheit in der Stadt entspricht die Kommune auf dem Land; in ihr sollen die gesellschaftlichen Arbeitsbeziehungen auf dem Lande mit einer politisch-administrativen Organisation verbunden werden, deren Struktur von den Leitungsvorstellungen der Partei über den Gesamtplan des nationalen Aufbaus bestimmt wird. Einbindung in die staatliche Politik, Achtung des nationalen Plans und der nationalen Gesetze und Verordnungen, Kopplung von Partei und Massen und Zentralisierung der die Kommune betreffenden Entscheidungen gehören zu den Bestimmungen über die Kommune.[6] Ihr gesamter Aufbau soll in Miniatur den Aufbau des Staates widerspiegeln, die Arbeitsbrigaden wiederum eine Miniatur der Kommune bilden. Das gesellschaftliche Leben unterliegt einem Verteilungsentwurf, in dessen Rahmen die gesellschaftliche Arbeitskraft vollständig mobilisiert werden soll. "Die Arbeitsbrigade soll alle arbeitsfähigen Menschen zur Teilnahme an der Produktion organisieren," formuliert es der genannte revidierte Entwurf über die Bestimmung der Arbeit der ländlichen Kommunen von 1962 verpflichtend.[7] Aus dieser Einbindung in die nationale Arbeitskraft leitet sich für die Mitglieder der Kommune neben den moralischen Verpflichtungen zu Vaterlandsliebe, Liebe zur Partei und ihren Organisationen und der Achtung des gesellschaftlichen Eigentums auch der Anspruch auf einen gerechten Anteil am Gesamtprodukt, auf Unterstützung in Notlagen und auf besondere Wohlfahrtsleistungen ab. Indem der Parteistaat auch der ländlichen Arbeitskraft den Status einer nationalen Arbeitskraft gibt und so ihre gesellschaftliche Existenz neu zu bestimmen versucht, strebt er eine Vereinheitlichung des gesellschaftlichen Lebens an, deren soziale Form sich in gerechtem Lohn und deren politische Form sich in demokratischem Zentralismus verwirklicht sehen möchte.

Doch wie jede Form gesellschaftlicher Ordnung, die sich institutionell gefestigt hat, der Selbstaffirmation bedarf, entwickelt sich auch in der Einheit - ob Fabrik oder Kommune - das Klima der Loyalität. Da die Einheit die gesamte soziale Existenz des Bürgers umfaßt, diese allerdings der politischen Auslegung durch die Partei unterliegt, neigen die Mitglieder der Einheit dazu, politische Loyalität auch als Ausdruck von Karriereopportunismus und darüber hinaus als Mittel, an besonderen Distributionsordnungen teilzuhaben, anzusehen. So zeitigt die politische Strategie der Partei ein Paradox: Obwohl die Partei, um ihre Belange in der Gesellschaft durchzusetzen, Verhaltensstandards propagieren muß, die nicht personengebunden sind, diktiert die Propagierung dieser Standards Vorzugsbehandlung als Belohnung derer, die sich loyal und ideologisch standhaft zeigen. Da es selbst für die Umsetzung gewöhnlicher Maßnahmen seitens der Parteileitung der Förderung eines stabilen Netzes von Aktivisten bedarf, entwickeln die

Parteiorganisationen ein stabiles Netz loyaler Schutzbefohlener, die ihre Loyalität im Tausch gegen Vorzugsbehandlung bei Karriereentscheidungen und anderen Belangen geben. So bildet sich mit der Zeit ein Schutzherr-Schutzbefohlener-Verhältnis heraus, das von der Partei unterhalten und für ihre Herrschaft unverzichtbar wird und das schließlich in eine reiche Subkultur instrumentell-personeller Beziehungen - *guanxi* - mündet, in der die Individuen die formalen Regeln umgehen können, um durch die Hintertür z. B. offizielle Genehmigungen, Wohnungen und andere öffentliche oder private Güter zu erlangen, die von hoch- und niedrigrangigen Offiziellen kontrolliert werden. Obwohl die Partei solche Praktiken offiziell mißbilligt und in regelmäßigen Abständen Kampagnen gegen sie inszeniert, fördert sie diese dennoch strukturell, da sie selbst einen formal organisierten Apparat von Sonderinteressen darstellt, über den Güter, Einkommen und Karrieremöglichkeiten im Herr-Schutzbefohlener-Verhältnis verteilt werden.

Stellten sich diese Entwicklungen in den Städten unter den besonderen Bedingungen des "maoistischen Asketismus"8 als selbstzerstörerisch für die Partei heraus, so untergruben die Experimente in den Kommunen die Grundlagen der moralischen Ökonomie der Bauern. Die Einleitung der Politik unter der Losung "Nach außen öffnen, nach innen den Lebensstandard heben" suchte also der in den siebziger Jahren wachsenden Demoralisierung der gesellschaftlichen Produzenten in Fabrik und auf dem Feld entgegenzuwirken und nahm sich in der Folge vor, den organisatorischen Komplex der Einheit neu zu gestalten. Auf dem Land entkoppelte die Partei landwirtschaftliche und industrielle Produktion, indem sie mit der Einführung der Vertragsverantwortung die Beziehungen der bäuerlichen Produzenten zur ökonomischen und administrativen Ordnung der Gesellschaft neu gestaltete. Für die Landwirtschaft wird der bäuerliche Haushalt als wirtschaftsführende Einheit wiederbelebt; über den Vertrag mit der Gemeinde, dessen Bestimmungen aus den Erfahrungen erwachsen, die die Produktionsbrigade über die Jahre hinweg mit der Fruchtbarkeit des Feldes und anderen für den landwirtschaftlichen Ertrag wesentlichen Faktoren gesammelt hat, wird der bäuerliche Haushalt nunmehr in ein duales ökonomisches System mit zudem unterschiedlichen Verwaltungsweisen eingebunden. Zum einen hat der Haushalt eine aufgrund der Erfahrungen festgelegte Produktionsmenge zu einem festgelegten Preis an die Gemeinde zu verkaufen, zum andern bleibt er aufgefordert, den Teil seiner Arbeitskraft, der auf diese Weise nicht in Arbeit zur Ertragserfüllung eingebunden ist, selbstverantwortlich zu nutzen. Daß dieser Anteil nicht unbeträchtlich ist, zeigt sich in der sich entwickelnden Diversifizierung der Produktion ebenso wie in der sich beschleunigenden sektoralen Mobilität oder regionaler Migration.

In den Städten führt die Einführung des Vertragsverantwortungssystems zu Auseinandersetzungen um den Status des Managements in der betrieblichen Binnenverwaltung sowie zum Versuch der Neubestimmung des Verhältnisses

Einleitung

von Beruf und Beschäftigung: "Beschäftigung bezieht sich normalerweise auf den Teil der Bevölkerung, der berufstätig ist; im Zuge der Entwicklung der sozialistischen Modernisierung jedoch hat sich die soziale Teilung der Arbeit zunehmend differenziert. Die Beschäftigungsverhältnisse haben sich vervielfacht, und die Zuweisung der Berufe gestaltet sich komplexer. Die Positionen derer, die in der Produktion tätig sind, sind zunehmend wichtiger geworden, so daß es notwendig geworden ist, eine exakte Registrierung der Beschäftigungsverhältnisse durchzuführen, um so den Status jedes einzelnen Bürgers zu überprüfen, die Sozialstruktur zu erforschen, die Arbeitsplatzzuweisung vernünftig zu ordnen sowie die Arbeitskräfte so zu nutzen und auszubilden, daß sie für die äußerst wichtige Aufgabe des sozialistischen Aufbaus unserer Nation ins Spiel gebracht werden können."[9] In diesem Zusammenhang formulieren chinesische Intellektuelle auf der Basis liberaler Theorien ihre Kritik an der Einheit als Organisationsprinzip. Weder ihre Binnen- noch ihre Außenstruktur sei auf der Grundlage von Vertragsbeziehungen geregelt, ihre Ressourcen seien unbeweglich, und so sei die Einheit, da sie Versorgungs- und Sozialversicherungssystem ist, für die Belebung der Wirtschaftstätigkeit hinderlich. Lu Zhongyuan[10] macht vier Hindernisse aus:

(1) Die Organisationsform entspricht nicht den Bedürfnissen der Unternehmen nach Belebung der Wirtschaftstätigkeit. Bisher hatte die Gesellschaft für die städtische Bevölkerung ein Versorgungsnetz bereitgestellt. Doch für die Unternehmen stellt sich dieses Versorgungsnetz auf dem Weg zur Profitabilität in dreifacher Hinsicht als Belastung dar: Die erste Belastung entstammt der Pflicht, die Pensionäre und Rentner zu versorgen; je älter die Fabrik ist, desto größer ist die Anzahl der zu versorgenden ehemaligen Beschäftigten. Die zweite Belastung ist die Beschäftigungsgarantie; nicht nur der Beschäftigte, auch seine Kinder sind in das Versorgungssystem eingeschlossen. Dies führt zum Teil zu einer "Familiarisierung"[11] der Arbeitsgruppen, weil die Arbeitsplätze quasi vererbt werden. Die dritte Belastung ist dem Unternehmen von seiten der Gesellschaft auferlegt, insoweit das Unternehmen finanzielle und materielle Wohlfahrtsleistungen zu erbringen hat. Aus der Gewöhnung an diese Wohlfahrtsleistungen erwachsen bei den Beschäftigten tief verwurzelte Abhängigkeitsvorstellungen, die zu partieller Unselbständigkeit führen sowie eine gleichmacherische Ideologie fördern, nach der jeder Beschäftigte eines Unternehmens meint, den gleichen Anspruch auf Versorgungsleistungen zu haben.

(2) Das alte System entspricht nicht den Erfordernissen des neuen makroskopischen Steuerungssystems. Belastet durch die Versorgungsleistungen, ist das Unternehmen schlecht in der Lage, seine Geschäftspolitik den Erfordernissen des Marktes anzupassen und auf Wandlungen auf dem Markt zu reagieren.

(3) Infolge der ungleichen Entwicklung in verschiedenen Sektoren und zu erwartender Arbeitslosigkeit müßte die Sozialversorgung den einzelnen Unternehmen entzogen werden, um von der Gesellschaft übernommen zu werden.

(4) Das alte System entspricht nicht dem Alterungsprozeß in der Gesellschaft und der zunehmenden Versorgungslast aufgrund der zunehmenden Zahl alter Menschen.

Die Kommunen auf dem Land haben sich des Problems der Altersversorgung anders angenommen. Zum einen bestehen über die Produktionsbrigaden minimale Versorgungsansprüche, wesentlich aber ist die traditionelle Struktur der Altersversorgung, innerhalb derer die Kinder die Alten ab dem Zeitpunkt zu versorgen haben, da diese ihren Lebensunterhalt nicht mehr durch eigene Arbeit gewährleisten können. Auf dem Land führt die Ökonomisierung[12] der Beziehungen zum Wiederbeleben der Familienwirtschaft, einer Wirtschaftsform, in der die Familie als Ergebnis ihrer jährlichen Arbeit ein einziges, gesamtes Arbeitseinkommen erzielt. Die Familienwirtschaft ist eine Wirtschaftsform, in der die Familie ihre gemeinsamen Anstrengungen, ihren Fleiß, ihre Plackerei gegen die erwirtschafteten materiellen Güter abwägt. Die Organisation dieser Arbeitswirtschaft ist abhängig von der Verfassung und den Gesetzen der Familie, die den Hof führt: Die arbeitenden Menschen sind die organisierenden Bestandteile des Produktionsprozesses, zur Beurteilung der Arbeitswirtschaft hat man Zusammensetzung und Größe der Familie zu betrachten, da diese sowohl den oberen wie den unteren Umfang der wirtschaftlichen Handlungen bestimmen; die Gesamtarbeitskraft der Arbeitswirtschaft ist vollständig von der Verfügbarkeit arbeitsfähiger Familienmitglieder bestimmt. Für diese Arbeitswirtschaft ist von der bäuerlichen Selbstdefinition der Familie auszugehen: Zur Familie gehört, wer aus dem gemeinsamen Topf ißt und zur Nacht hinter der gemeinsamen Tür schläft. Darüber hinaus können die Lebenslaufanalyse und die Familienbiographie Aufschluß über das konkrete Verhältnis von Arbeitenden und Konsumenten innerhalb der Familie als reproduktionsfähiger Einheit geben; die Entwicklung der Arbeitsteilung und des Binnenkonsums ist im Verhältnis zum Lebenslauf der Familie zu betrachten. Jede Familie ist in Abhängigkeit von ihrer Altersstruktur in jeweils unterschiedlichen Entwicklungsabschnitten eine selbständige Arbeitsmaschine, und zwar in bezug auf Arbeitskraft, Nachfrageintensität, Arbeitskraft-Verbraucher-Relation sowie die Möglichkeit, die Zusammenarbeit zu organisieren.

Was beeinflußt die Arbeitsintensität des Bauernhaushaltes? Die saisonalen Schwankungen und die Organisation der Arbeit als gegeben vorausgesetzt, wird die Arbeitsintensität einmal durch die Binnenstruktur der Familie, d. h. durch den Druck der Konsumforderungen ihrer Mitglieder, zum zweiten durch den Grad der Arbeitsproduktivität bestimmt. Das bedeutet bei gegebenem kulturellen Konsumniveau auch: Ein gewisses Maß an energetischer Verausgabung zu seinem Erwerb ist notwendig und wird als befriedigend empfunden, da es den Erhalt der Dinge, die man als sozial notwendig betrachtet, gewährleistet. Darüber hinausgehender Energieaufwand erfordert eine Willensleistung, von deren

Ergebnissen man sich etwas versprechen muß. Je größer der Arbeitsaufwand eines einzelnen Arbeiters in einer festen Arbeitsspanne wird, desto mehr Plackerei bedeutet dies beim zuletzt verausgabten Arbeitsquantum. Die subjektive Beurteilung der Werte, die durch diese Grenzarbeit erwirtschaftet werden, hängt vom Grenznutzen ab, den diese Güter für den Haushalt darstellen. Da der Grenznutzen dieser Güter aber mit dem Anwachsen des Gesamtwertes, der dem Haushalt zur Verfügung steht, fällt, kommt der Punkt, wo steigendes Arbeitseinkommen wegen steigender Plackerei unattraktiv wird. Folglich wird die Familie einer Bauernwirtschaft ihre Produktion in der Regel so organisieren, daß sie in den letzten Ergebnissen ihre Bedürfnisse in weitestgehender Weise erfüllt sieht. Gleichzeitig sucht sie die zukünftige Stabilität des Hofes zu sichern, indem die notwendigen Arbeitsmittel mit möglichst geringem Energieaufwand ersetzt werden. Aus diesem Grund bemüht sich der Haushalt um solche Arbeitsverausgabung, die pro Arbeitseinheit den höchstmöglichen Ertrag ergibt. In den Grenzen ihrer Wahrnehmungsfähigkeit organisiert die Familie ihre Produktion so, daß mögliche Deformationen, die aus der nationalen Ökonomie stammen und über den Markt und seine Preise auf den Haushalt wirken, ausgeglichen werden können.

Zugleich müssen auf einem nichtmonetären Hof die Arbeitskräfte vom Haushaltsvorstand so eingesetzt werden, daß die quantitative Diversität der Diät gewährleistet bleibt: Es müssen qualitativ verschiedene Produkte gemäß den quantitativen Verbrauchsbedürfnissen der Familie angebaut werden. Der Wert der Produktion beruht nicht auf dem auf einem Markt erzielten Preis, sondern bestimmt sich über die Fähigkeit, die Familie zu erhalten. Anderseits nimmt mit Veränderungen der Vermarktungsmöglichkeiten der Markt Einfluß auf die Gestaltung der Binnenstruktur der Arbeitsteilung wie des Anlagegefüges.

Von diesem Zusammenspiel hängen letztlich dann auch die Faktoren ab, nach denen die Familien ihre Mobilitäts- und Migrationserwägungen ausrichten. Dabei bestehen nach dem gegenwärtigen Stand der internationalen Migrationsdiskussion drei unterschiedliche Herangehensweisen, die materielle Grundlage der Migration zu begreifen:

(1) Autoren innerhalb der neoklassischen Tradition neigen dazu, Migration als eine Tätigkeit der Profitmaximierung zu betrachten; sie meinen, daß geographische Bewegung zur sozialen Beweglichkeit der Migranten und so indirekt zum ökonomischen Wachstum der Nation und der ländlichen Gebiete beiträgt. Aus dieser Voreingenommenheit neigt der neoklassische Ansatz dazu, kurzfristige Bewegungen im ländlichen Raum zu übersehen, die permanente Ansiedlung ländlicher Bevölkerung in den Städte aber zu propagieren.

(2) Autoren, die mehr am Studium der Bewegung und Verteilung der Bevölkerung interessiert sind, heben gegenüber dem Motiv der Profitmaximierung das der Risikominderung hervor. Sie argumentieren, daß Migration häufig ein Weg sei, um wirtschaftliche Möglichkeiten zu diversifizieren. Die Aufmerksamkeit verlagert sich von der Betrachtung individuellen Verhaltens auf die Betrachtung des Verhaltens von Haushalten. Anthropologische Studien belegen, daß Migration häufig das Ergebnis einer impliziten oder expliziten Entscheidung des Haushalts über die bestmögliche Verteilung seiner Mitglieder ist. So mögen Reisen oder Unterkunft teilweise von der Familie vorfinanziert sein; solche Entscheidungen beruhen meist auf der Annahme, daß der Migrant in Zeiten des Arbeitskräftebedarfs aufs Land zurückkehrt und/oder einen Teil des Einkommens der auf dem Land verbliebenen Familie transferiert. Die Risikovermeidung folgt dabei folgender Logik: Löste sich ein Landbewohner vollständig vom Land, so gäbe er damit sowohl einen Teil seines Einkommens als auch seine soziale Versicherung gegen Arbeitslosigkeit oder Krankheit auf. Zwar könne der Wert seines Landes in der subjektiven Wertschätzung sinken, wenn es Vorsorgeeinrichtungen gäbe, doch im Familienverbund gilt die Landwirtschaft weiterhin als wesentliche Versorgungsquelle: Und dies ist der Fall, unabhängig davon, ob der Verdienst in der Stadt hoch oder niedrig ist und ob eine Wohnung vorhanden ist. Denn vor allem anderen hat Selbstversorgung hohen Prestigewert.

(3) Autoren, die die strukturale Perspektive bevorzugen, neigen dazu, Migration als Haushaltsüberlebensstrategie zu verstehen. Der Begriff des Überlebens gründet in der Feststellung der Armut vieler Haushalte sowie der Tatsache, daß ihre Migration häufig auf die Verschlechterung der ländlichen Lebensbedingungen zurückzuführen ist.

Doch schon ein kurzer Blick auf die chinesischen Registriergesetze zeigt, daß diese internationalen Theoriestandards im Falle der VR China der Modifikation bedürfen. So reagierte beispielsweise der Staatsrat mit seiner Mitteilung vom 13. Oktober 1984 auf die wachsende Mobilität der ländlichen Bevölkerung, indem er sanktionierte, was mittlerweile gängige Praxis geworden war, nämlich das Abwandern von größeren Teilen der ländlichen Bevölkerung aus der Landwirtschaft in die ländliche Industrie und in die kleinen Marktflecken und Kleinstädte auf dem Land. Zugleich aber hob er den Status dieser Bevölkerungsgruppen nicht an, indem er ihnen etwa städtischen *hukou* gab. Denn mit der städtischen Registrierung wäre eine Einbeziehung in das städtische Versorgungsnetz verbunden, und dies hätte den staatlichen Entwicklungsplänen widersprochen. Statt dessen unternahm es der Staatsrat, dieser mobilen Bevölkerung den Status *zili kouliang hukoubu*[13] zu erteilen - Haushaltsregistrierung auf der Basis der Selbstversorgung mit Getreide für den Nahrungsbedarf.

Regionale Strukturbedingungen der Bevölkerungsbewegungen

Eine gängige Redewendung in der Volksrepublik China lautet: *ren duo di shao* - viele Menschen, wenig Land. Demzufolge steht jede Politik in China unter dem Einfluß des Bevölkerungsdrucks und des Problems der optimalen Verteilung der Bevölkerung im Raum. Seit dem dritten Plenum des elften Zentralkomitees sucht die chinesische Führung durch Modernisierung diesem Problem Herr zu werden; dabei stellt sich auch ihr auf der Basis einer noch stark agrarisch geprägten Gesellschaft die Frage: Was ist Fortschritt?

Einiges spricht dafür, daß auch die KPCh zu der Auffassung neigt, Fortschritt sei die zunehmend wirksamere Ersetzung der menschlichen Arbeit durch andere Energieformen. Allgemein kann man drei Formen arbeitssparenden Wandels in der Landwirtschaft ausmachen:

a) Die gleiche Anzahl Arbeiter ist in der Lage, eine größere Fläche Land zu bebauen.
b) Die gleiche Fläche Land wird von weniger Landarbeitenden bebaut, was in der Folge zu Surplusarbeitern führt.
c) Die gleiche Fläche Land wird von der gleichen Anzahl Arbeitender mit steigendem Ertrag bebaut.

Man kann diese drei Wandlungstypen soziogeographischen Regionen zuordnen:

Die erste Form ist von besonderer Bedeutung, wo es genug Land gibt und die Arbeitskräfte rar sind - dies gilt für die Neue Welt mit ihrer Weltmarktorientierung der Agrarproduktion.

Die zweite Form mit hoher Nachfrage nach Arbeitskräften, die rar und teuer sind, findet man historisch in Europa in der frühen Phase der kapitalistischen Entwicklung.

Die dritte Form ist gekennzeichnet durch knappes Landangebot.

In Situationen von knappem Land und Arbeitskräfteüberfluß - dies ist ein Charakteristikum der meisten Regionen mit intensivem Reisbau - entwickelte sich ein technischer Wandel, der sowohl die Arbeitsproduktivität anhob als auch die Nachfrage nach Arbeitskräften steigerte. In Regionen wie z. B. dem Yangzi-Delta war die Einführung von schnellwachsenden Hochertragssorten extrem wertvoll, da sie nicht nur den Ertrag einer Ernte erhöhte, sondern zugleich Mehrfachernten erlaubte. Die Möglichkeit der Mehrfachernte und die hohen Erträge bei Naßreisbau gehen mit sehr hoher Produktivität einher, obwohl diese von intensivem Arbeitseinsatz abhängt. Die landgrößenneutrale Steigerung des pro Landeinheit erzeugten Ertrages kennzeichnet die Besonderheit der politischen Ökonomie der Reiswirtschaft.

Die Intensivierung des Reisanbaus ermöglicht bei hoher Siedlungsdichte demographisches Wachstum. Doch führt dies bei aller Ertragsintensivierung der Fläche häufig zu einer Verkleinerung des Bodenbesitzes pro Haushalt: Das zu bewältigende Stück Land schrumpft.

Die Reiswirtschaft ist jedoch keineswegs durch eine Monokultur geprägt; vielmehr lassen sich in der von mir betrachteten Region zumindest zwei unterschiedliche Gebiete ausmachen. Da ist zuerst das Yangzi-Reis-Weizengebiet: Die Böden sind von mittlerer bis niedriger Fruchtbarkeit, doch dort, wo Reis angebaut wird, hat die Podsolisation[14] die Fruchtbarkeit erhöht. Reis wird fast immer im Fruchtwechsel mit Winterweizen angebaut. Dazu kommt Gründünger, während Ölsaat und Baumwolle wichtige kommerzielle Produkte sind und an den Deichen Maulbeerbäume für die Seidenraupenzucht gepflanzt sind. Als zweites sei das Reis-Teegebiet genannt, das sich von Zhejiang bis weiter in den Süden erstreckt: Reis ist das wichtigste Getreide, doch wird er auch hier nur selten zweimal pro Jahr, sondern im Wechsel mit Weizen und Gerste im Winter angebaut. Weizen wirft in diesem Gebiet jedoch einen geringen Ertrag ab.

Beim Reisbau ist das klare Wasser wichtiger als der Boden; es muß nicht nur von bester Qualität, sondern auch zur rechten Zeit in der richtigen Menge verfügbar sein. Es zählt zu den Besonderheiten des Reisbaus, daß der Boden nach Jahren der Kultivierung bis zu einem gewissen Niveau an Fruchtbarkeit zunimmt. Auch dies erklärt sich durch die Podsolisation.

Auch unter modernen Bedingungen, bei denen man Zugang zu entwickelteren Techniken der Bewässerung mittels elektrischer oder Dieselmaschinen hat und auch das Plätten des Feldes mechanisch unterstützt wird, schätzen chinesische Experten die optimale Feldgröße auf ein *mu*.[15] Andere chinesische Quellen geben die optimale Größe eines bewässerten Reisfeldes mit 1,5 *mu* an, japanische Quellen sprechen bei moderner Ausrüstung von 4,5 - 7,5 *mu* (= 0,3 - 0,5 ha).

Der Anbauzyklus beginnt in der Regel mit dem Monsunregen. Wenn genug Regen gefallen und das Wasser in den Boden gesickert ist und ihn gelockert hat, wird das Hauptfeld bestellt. Die Setzlinge sind mittlerweile auf einem Vorzuchtfeld, das extra gedüngt wird, gesät und werden nun umgesetzt, oder man sät einfach auf dem Hauptfeld. Die jungen Setzlinge wachsen in stehendem Wasser, wobei die Wasserhöhe, soweit Bewässerung möglich ist, dem Wachstum angepaßt wird. Die Felder werden gedüngt und gejätet. Unmittelbar vor der Ernte wird das verbleibende Wasser abgelassen, so daß der Boden, soweit es geht, trocknen kann, bevor das Getreide geschnitten wird. Dies wird dann getrocknet und gelagert - gedroschen oder ungedroschen, das ist von Erntetechnik und Sorte abhängig.

Die Bewässerung wird meist von kleinen lokalen und autonomen Haushaltsgruppen organisiert. Nur in Notfällen ist bürokratische Kontrolle wirklich notwendig. Das Yangzi-System ist durch kleine Felder und Teiche gekennzeichnet; da das Land flach und sumpfig ist, wird das Wasser aus den Feldern in künstliche Bekken hinausgeleitet. Solche Teiche können schon von individuellen Bauern unterhalten und zugleich für Fischzucht, zur Tränke und zum Anbau von Lotus und Wasserkastanien genutzt werden.

Doch ist das Leben auf dem Lande nicht nur Leben in der Landwirtschaft, nicht nur Leben auf dem Dorf. Es ist auch Leben in der Stadt. Und wie die Landwirtschaft ihre regionalen Ausprägungen hat, besitzen auch die Städte ihre Besonderheiten. Zum einen wird nach administrativen Grundtypen zwischen Metropole, Großstadt, Mittelstadt, Kleinstadt und Marktstadt unterschieden. Zum anderen unterscheiden sich die Städte auf dem Lande in der Ausprägung ihrer Gewerbe; so unterscheidet Fei Xiaotong[16] allein im Kreis Wujiang in der Provinz Jiangsu fünf Typen von Kleinstädten:

1) die Stadt des Marktes und Warenumschlags;
2) die Stadt mit spezialisierter Industrie;
3) die Stadt als Verwaltungszentrum;
4) die Stadt als Konsumzentrum;
5) die Stadt als Verkehrsknotenpunkt.

Und in einer Studie über die Entwicklung von Kleinstädten stellen Du Wenzhen und Wang Chen[17] fest, daß unter dem Begriff Kleinstadt verschieden administrierte Siedlungsformen gefaßt werden; erstens die Marktstädte - *zhen* - und die Gemeindemarktstädte - *xiangzhen* - unterhalb der Kreisebene - *xian*; zweitens die *zhen* unter der Verwaltung der Satellitenstädte bzw. der Außenbezirke der Großstädte und Metropolen; drittens natürliche *zhen* unterhalb der Ebene der Gemeindeverwaltung - *xiang*. Bei den Leuten heißen Siedlungsformen in Stadtnähe nicht Kleinstädte, sondern "Dorfköpfe" - *cun zhi shou* oder "Stadtschwänze" - *cheng zhi wei*. In Anlehnung an diese Redeweise unterscheiden die Autoren zwei Entwicklungsformen der Kleinstadt; entweder ist die Kleinstadt der ländlichen Industrie erwachsen, oder sie ist Ableger einer Satellitenstadt, wobei für viele dieser Gemeinden gilt, was Fei Xiaotong[18] in seiner Rückschau über fünfzig

Jahre Entwicklung im ländlichen Jiangsu feststellt, daß nämlich die Industrialisierung auf den Dörfern ihre wesentliche Anschubfinanzierung zu Beginn der Kulturrevolution 1967 erhielt, als jeweils von mehreren Dörfern ein gemeinsamer Investitionsfonds gegründet wurde, um einen Betrieb z.B. der Textilbranche ins Leben zu rufen. Und da man bis zu Beginn der achtziger Jahre die Politik der niedrigen Löhne und gleichzeitig umfangreicher Investition betrieb, konnten sich die Betriebe mit den Jahren ausdehnen. Erst im Laufe der achtziger Jahre sind die Löhne allmählich erhöht worden.

In einer landesweiten Untersuchung über die städtische Bevölkerungsstruktur vergleicht Tu Lizhong[19] 1984 295 Städte, die er nach ihrer Bevölkerungszahl in fünf Kategorien eingeteilt hat; er folgt in seiner Kategorisierung allerdings nicht der Einteilung, wie sie in den Registriergesetzen festgelegt ist, in denen vier Kategorien unterschieden werden: die provinzfreien Städte, die besonderen Städte mit mehr als einer Million Einwohnern, die Großstädte mit 500.000 bis zu einer Million Einwohnern und die Klein- und Mittelstädte mit weniger als 500.000 Einwohnern. Tu Lizhong unterscheidet nach:

Typ 1 = > Städte mit mehr als zwei Millionen Einwohnern;
Typ 2 = > Städte zwischen ein und zwei Millionen Einwohnern;
Typ 3 = > Städte zwischen einer halben und einer Million Einwohnern;
Typ 4 = > Städte zwischen 200.000 und 500.000 Einwohnern;
Typ 5 = > Städte mit weniger als 200.000 Einwohnern.

Den Vergleich zwischen den Stadttypen zieht er anhand von Indikatoren, die Ökonomie, Infrastruktur und Versorgungsqualität betreffen. Die Wirtschaftsstruktur unterscheidet er

(a) nach durchschnittlichem Bruttoproduktionswert in Industrie und Landwirtschaft pro Person (*Yuan*/Person),
(b) nach durchschnittlichem industriellen Produktionswert pro Person (*Yuan*/Person),
(c) nach durchschnittlichem Gewinn in staatlich betriebener Industrie pro Beschäftigtem (*Yuan*/Person),
(d) nach durchschnittlichem Gewinn in kollektiv betriebener Industrie pro Beschäftigtem (*Yuan*/Person),
(e) nach durchschnittlicher Betriebsfläche (qkm),
(f) nach Anzahl der Betriebe pro Flächeneinheit (Anzahl/qkm),
(g) nach industriellem Produktionswert pro Flächeneinheit (100 Millionen *Yuan*/qkm),
(h) nach Stromverbrauch pro industriellem Produktionswert (*Yuan*/Kilowattstunde),
(i) nach Wasserverbrauch pro industriellem Produktionswert (10.000 *Yuan*/10.000 Tonnen)[20]:

Regionale Strukturbedingungen

Abbildung 1: Wirtschaftsstruktur nach Stadttypen 1984

	Gesamt	Typ 1	Typ 2	Typ 3	Typ 4	Typ 5
(a)	2754,3	4843,1	3172,2	3170,0	2432,4	1257,0
(b)	4401,8	5572,6	4536,5	4182,5	4126,2	3113,8
(c)	2226,2	3460,5	2575,5	2177,0	1409,4	1245,1
(d)	728,5	990,5	690,1	671,0	603,2	552,4
(e)	5,78	0,65	0,93	3,44	3,68	16,05
(f)	0,17	1,52	1,06	0,28	0,27	0,06
(g)	66,71	944,34	535,33	128,00	84,83	11,36
(h)	2,8	4,2	2,6	2,1	2,6	2,5
(i)	40,02	44,57	41,22	37,08	38,83	35,41

Indikatoren zur Differenzierung von Infrastruktur und Lebensqualität sind bei Tu Lizhong:

(a) die Einzelhandelsversorgung pro Person (Läden/10.000 Personen),
(b) das Einzelhandelspersonal pro Person (Personal/10.000 Personen),
(c) die Krankenbetten pro Person (Betten/10.000 Personen),
(d) die Anzahl der Ärzte pro 10.000 Personen,
(e) das naturwissenschaftliche Personal pro 10.000 Personen,
(f) das sozialwissenschaftliche Personal pro 10.000 Personen,
(g) die Anzahl der Hochschulstudenten pro 10.000 Personen,
(h) die Park-, Grünfläche pro Person (Hektar/10.000 Personen):

Abbildung 2: Infrastruktur und Lebensqualität nach Stadttypen 1984

	Gesamt	Typ 1	Typ 2	Typ 3	Typ 4	Typ 5
(a)	62,3	51,5	62,1	63,4	63,7	66,8
(b)	252,3	313,6	341,5	285,8	233,2	184,7
(c)	45,6	49,2	56,1	57,2	45,9	33,5
(d)	34,5	49,5	46,3	41,0	30,5	21,7
(e)	188,5	325,7	284,9	201,3	155,3	97,25
(f)	108,3	161,1	132,2	122,8	102,1	66,7
(g)	69,3	126,2	146,5	95,7	38,2	21,8
(h)	8,73	9,33	21,4	9,31	6,36	5,92

Aus den Aufstellungen wird ersichtlich, daß die Produktionsdichte und der erzeugte Produktionswert in unmittelbarer Beziehung zum Stadttyp stehen; allgemein läßt sich feststellen, daß der Wert und der Umfang der Produktion mit der Größe der Stadt zunehmen. Das gleiche läßt sich bezüglich Lebensqualität und Infrastruktur nicht behaupten; hier schneiden die Städte zwischen einer halben und zwei Millionen Bewohnern in vieler Hinsicht besser ab. Inwieweit dies Einfluß auf die Anziehungskraft der Städte auf mögliche Immigranten hat, sei späterer Klärung vorbehalten. Hier sei vorerst noch ein weiteres Ergebnis von Tu Lizhongs Untersuchung, nämlich die Aufstellung über die Verteilung der nichtlandwirtschaftlichen Bevölkerung in den Städten im Jahre 1985, präsentiert.[21]

Abbildung 3: **Verteilung der nichtlandwirtschaftlichen Bevölkerung in 324 chinesischen Städten 1984 (in 10.000 Einwohnern)**

Stadttyp	insg.	%	Einwohner	%
zusammen	324	100	11.826	100
Typ 1	8	2,4	2.930	24,77
Typ 2	14	4,3	1.818	15,37
Typ 3	30	9,2	2.191	18,52
Typ 4	94	29,0	2.899	24,51
Typ 5	178	54,9	1.988	16,81

Nimmt man anhand der von Tu Lizhong ermittelten Bevölkerungskonzentration in den verschiedenen Stadttypen eine Bewertung vor, so läßt sich vermuten, daß aufgrund von guten ökonomischen Voraussetzungen, relativ erträglicher Bevölkerungskonzentration sowie recht gut ausgestatteter Infrastruktur die Städte zwischen einer halben und zwei Millionen Einwohnern bevorzugtes Ziel von Migranten sein dürften. Da jedoch während der Kulturrevolution ein nicht unbedeutender Teil der städtischen Bevölkerung im Zuge der politischen Orientierung der Wirtschaftspolitik an der Getreideproduktion als Hauptkettenglied auf das Land umgesiedelt wurde, ist ein Teil der Migration seit dem Ende dieser Periode dem Umstand geschuldet, daß die umgesiedelten ehemaligen Stadtbewohner größtenteils in die Städte zurückzogen. Ihr Anteil an den Migranten ist nicht unbeträchtlich, doch soll er hier nur am Rande erwähnt werden. Im Zentrum der Betrachtung stehen vielmehr jene Landbewohner, die sich im Zuge der Umgestaltung der Produktionsbeziehungen seit Einführung der diversen Vertragsverantwortungssysteme vor die Entscheidung gestellt sahen, ihr Auskommen unter den Bedingungen knappen Landes und knapper Arbeit zu finden. Für sie spielt natürlich neben der Attraktivität des Zielortes vor allem die Situation vor Ort eine Rolle, wenn es um die Entscheidung geht, die Heimat verlassen zu müssen. So sollen im folgenden zuerst die regionalen Entwicklungen der Beschäftigungsmöglichkeiten in Zhejiang, Jiangsu und Shanghai dargestellt werden, die seit der Auflösung der Volkskommunen eine Richtungsänderung bei der Behandlung des Problems der überschüssigen Arbeitskräfte nahmen. Grob gesagt, sollen nicht mehr alle Arbeitskräfte in die Landwirtschaft eingebunden bleiben, sondern Teilen der Bevölkerung die kontrollierte Migration erlaubt werden.

Zhejiang

Allgemeine Produktionsbedingungen auf dem Land

Schon ein allgemeiner Blick auf das Verhältnis von Ackerfläche zur Bewohnerzahl zeigt ein Problem der Provinz Zhejiang; während es 1987 im gesamten China pro Bewohner 1,4 *mu* Ackerfläche gibt, beträgt dies Verhältnis in der Provinz Zhejiang 0,7 *mu* pro Bewohner. Da die Bauern bis 1978 ihre Arbeit nicht frei wählen konnten, verwundert es wenig, daß die erwerbsfähige Bevölkerung nach Angaben des Planwirtschaftskomitees der Provinz Zhejiang[22] zu 92,0% aus ländlichen Arbeitskräften bestand; diese betrieben zu 88,4% Ackerbau, zu 3,6% Forstwirtschaft, Fischzucht oder landwirtschaftliche Nebengewerbe wie Tee- oder Gemüseanbau. Nur 4,6% waren industrielle Arbeitskräfte, während 3,4% im tertiären Sektor arbeiteten. Im Zuge der wirtschaftspolitischen Umgestaltung hatte sich die Struktur der Beschäftigung bis 1986 so verändert, daß zum Ende des Jahres nur mehr 66,0% der Arbeitskräfte landwirtschaftlich tätig waren; von ihnen betrieben 52,9% Ackerbau, 13,1% andere landwirtschaftliche Produktion. In der Industrie arbeiteten inzwischen 23,3% der Beschäftigten, und immerhin 10,7% waren im tertiären Sektor tätig. Im gleichen Zeitraum stieg die absolute Zahl der in der ländlichen Industrie beschäftigten Arbeitskräfte von 1.278.000 Arbeitskräften im Jahre 1978 auf 4.272.000 Arbeitskräfte im Jahre 1986.

Allgemein ist der Mechanisierungsgrad der Landwirtschaft in Zhejiang niedrig, doch hat er infolge der Reform seit 1980 noch abgenommen; so sank die mechanisch gepflügte Fläche von 14,53 Millionen *mu* 1980 auf 11,3 Millionen *mu* 1986; die mechanisch geerntete Fläche von 189.000 *mu* 1980 auf 87.000 *mu* 1986 und die mechanisch gedroschene Fläche von 36,54 Millionen *mu* 1980 auf 34,14 Millionen *mu* 1986.[23] So ist ein Ergebnis der Wiedereinführung der Familienwirtschaft die Begrenzung der Leistungsfähigkeit der Landwirtschaft auf das subjektive Arbeitsvermögen der bäuerlichen Familie, die gemäß einer Untersuchung aus dem Jahre 1982 für eine Vollarbeitskraft bei Pflügen und Säen bei etwa vier *mu* liegt. Für viele Bauern bedeutet das, daß sie, wollten sie ihre Fläche und Produktion ausweiten, zu den Spitzenzeiten auf zusätzliche Arbeitskräfte angewiesen wären, deren Versorgungskosten jedoch ungleich hoch wären (in Spitzenzeiten bis zu 16 *Yuan* am Tag). Dennoch ergeben sich solche Konsequenzen, wenn man etwa das Dorf Dongchang in der Gemeinde Haining Maqiao als Beispiel (gemäß den Feststellungen des Planwirtschaftskomitees ist es als typisch zu bezeichnen) nimmt: Von den 1.186 Arbeitskräften, die insgesamt 2.324,56 *mu* beackern könnten, arbeiten 751 nicht mehr auf dem Land (63,3%), theoretisch könnte also die Ackergröße pro verbliebener Arbeitskraft von bisher 1,96 *mu* auf 5,34 *mu* erweitert werden.[24] Neben dem Rückgang des Mechanisierungsgrades der Landwirtschaft hat das Planwirtschaftskomitee anhand einer Stichprobe 1986 in Xiaoshan eine Veränderung in der Zusammensetzung der ländlichen Arbeitskraft festgestellt: Von 83 Arbeitskräften in drei Arbeitsgruppen gibt es 17 männliche Arbeitskräfte (= 20,5%), davon eine unter 50 Jahre, sieben zwischen 50 - 60 Jahren und neun über 60 Jahre.[25] Besonders im Frühjahr zur Zeit des Pflügens, im Sommer zur Ernte- und Saatzeit und zur Herbsternte fehlen Arbeitskräfte; deshalb gibt es zur Zeit der Sommerernte in den Betrieben der ländlichen Industrie häufig eine Arbeitspause von etwa zwanzig Tagen, in denen die Arbeitskräfte aufs Land zurückkehren. Da die bäuerlichen Haushalte die Vertragsfelder in den meisten Fällen behalten, selbst wenn die arbeitsfähigen Familienmitglieder in der Industrie arbeiten, bleibt die Landwirtschaft verstreut und es findet keine Flurbereinigung statt. Unter diesen Bedingungen erhält der Boden wenig Pflege, die Bewässerungsanlagen und andere agrartechnische Anlagen werden nicht instandgehalten, und auch Bodenmelioration und Schädlingsbekämpfung leiden. So kümmern sich laut eigenen Angaben in Shaoxing 18,2% der Bauern sehr intensiv und 39,8% mittelmäßig um ihr Land, während 42,0% sorglos mit ihrem Ackerland umgehen.[26]

Bodennutzung

Dennoch findet man in entwickelten Gebieten die Übernahme der Arbeitsleistung aus dem Vertragsfeld durch andere Haushalte. Die vom Planwirtschaftskomitee angesprochene Kollektivierung heißt in diesem Zusammenhang:

1) Das Land wird auf einen größeren Haushalt übertragen, innerhalb dessen spezielle Arbeitskräfte sich nur mit Landwirtschaft beschäftigen.
2) Innerhalb eines ländlichen Industriebetriebes wird eine landwirtschaftliche Abteilung eingerichtet.
3) Der Boden wird an Zugezogene weitergegeben.

Diese Übertragung von Ackerboden ist ein Phänomen, das in den wirtschaftlich entwickelteren Gebieten in der Provinz Zhejiang 1983 nach Einführung der Vertragsverantwortungssysteme zu beobachten war. Zhou Qiren u.a.[27] haben einige konkrete Beispiele aus dem Gebiet Lishui dargestellt, wo unter den etwa 21.600 bäuerlichen Haushalten 1.600 spezialisierte Haushalte und 3.100 Schwerpunkthaushalte existieren. Von diesen 4.700 Haushalten haben sich 1.590 Haushalte auf die Entenzucht spezialisiert, die 1983 insgesamt 1,2 Millionen Enten züchteten. Für eine durchschnittliche Zahl von 400 - 800 Enten pro Hof braucht man vier Arbeitskräfte, von denen zwei Hilfskräfte sein können. Nach einer Aufzuchtzeit von einem Monat kann man die Enten aufs Wasser lassen, wo sie selbst für ihr Futter sorgen und nur wenig zusätzliche Nahrung brauchen. Die

Enten werden nach Fujian, Guangdong, Shanghai, Jiangsu und Hubei verkauft. Aufgrund der hohen Nachfrage kann man auf dem Markt einen hohen Preis erzielen, so daß bei den niedrigen Erzeugerkosten pro Ente ein Gewinn von fünf *Yuan* realisiert werden kann.[28] Da die Entenzucht allerdings recht arbeitsintensiv ist, ergeben sich Probleme mit der Bewirtschaftung des Ackerlandes aus dem Vertragsverantwortungsverhältnis, innerhalb dessen die Felder nach der Anzahl der Personen pro Haushalt vertraglich überantwortet werden. Die spezialisierten Haushalte sind zumeist nicht in der Lage, neben der Entenzucht auch der Getreideproduktion nachzukommen und daher bereit, ihr Ackerland weiter zu verpachten.

In der Produktionsbrigade Jianchuan der Kommune Dongchuan gibt es 800 Haushalte mit 3.200 Menschen, von denen sich 200 Haushalte vollständig auf die Entenzucht spezialisiert haben und 1983 200.000 Enten gezüchtet haben. 81 dieser Haushalte haben ihre Felder Bauern der Produktionsbrigade bzw. der Maschinenstation der Brigade zur Nutzung übertragen. 119 der spezialisierten Haushalte haben ältere Menschen in ihrem Haushalt, die die Felder bestellen können und während der Landwirtschaftssaison von den Jüngeren in der Arbeit unterstützt werden. Für die Überlassung der Felder werden zwei Methoden praktiziert: 1) Der Haushalt wird vollständig aus dem Vertrag ausgelöst, ihm wird allerdings zu einem vorweg von der Produktionsgruppe bestätigten Niveau Getreide zu Nahrungszwecken verkauft. 2) Der Haushalt wird vollständig aus dem Vertrag ausgelöst, bekommt aber kostenlos 300 Pfund Getreide pro *mu*. Nachdem letztere Methode zuerst nur von der Maschinenstation praktiziert wurde, kamen die Bauern nach und nach zu der Überzeugung, daß diese Form angemessener sei, da sie einen gewissen Einkommenstransfer zugunsten der Pächter gewährleistet. Dieser Einkommenstransfer ist in den Augen der Pächter deshalb moralisch gerechtfertigt, weil das Einkommen aus der Entenzucht wesentlich höher liegt als das Einkommen aus dem Getreideanbau, der Einkommensüberschuß von den Entenzüchtern aber nur erwirtschaftet werden kann, solange die Getreidebauern ihnen die Sorge um die Ernährung durch den Getreideanbau abnehmen und diesen so ein Spezialistentum überhaupt erst möglich wird. Die Autoren untersuchten anhand der Haushaltsabrechnungen einzelner Familien die Vor- und Nachteile dieser Vorgehensweise.[29]

1) Der erste Haushalt hat Land hinzugepachtet. Er besteht aus fünf Personen, davon sind drei Arbeitskräfte, es gibt einen Ochsen. Der Familie stehen 4,8 *mu* zu, von zwei spezialisierten Haushalten hat der Haushaltsvorstand 6,37 *mu* hinzugepachtet, dabei die erste Methode der Bezahlung gewählt und hatte in der Folge 4.600 Pfund Getreide anzubieten. Nimmt man diese Menge zum internen Preis der Produktionsgruppe, so beträgt der erzielte Preis 437 *Yuan*. Hätte er das Getreide allerdings an die Getreidestation verkaufen können, so hätte er 368

Yuan mehr erzielen können. Das bedeutet, daß der Haushalt zur Pacht 57,7 *Yuan* pro *mu* aufwenden mußte. Wie hätte die Rechnung ausgesehen, wenn die zweite Methode praktiziert worden wäre? Bei 300 Pfund pro *mu* zum Preis der Getreidestation lägen die Kosten bei 52,5 *Yuan*, also etwas geringer. Auf den 11,7 *mu* hat der Haushalt insgesamt 17.000 Pfund Getreide produziert und mit einigen anderen Nutzpflanzen zusammengerechnet 3.305 *Yuan* erwirtschaftet, was abzüglich der steuerlichen Abgaben einen Ertrag von 278,2 *Yuan* pro *mu* ergibt. Abzüglich der Kosten von 75,5 *Yuan* ergibt das einen Reinertrag von 202,7 *Yuan* pro *mu*. Stellt man darüber hinaus die Kosten für die Zupacht in Rechnung, so ergibt sich bei einem durchschnittlichen Arbeitsbedarf von 29 Tagen pro *mu* ein Nettoeinkommen von 5 *Yuan* pro Arbeitstag, was 30% höher ist als das Einkommen bei Gelegenheitsarbeit. Ein weiterer Vorteil ist nach Ansicht der Autoren die Tatsache, daß infolge der erweiterten Betriebsgröße der Vermarktungsanteil des produzierten Getreides trotz der Tatsache, daß von dem Getreide nunmehr drei Haushalte versorgt werden, um knapp 9% gestiegen ist.

2) Der zweite Haushalt hat Land verpachtet. Er besteht aus acht Personen und hat 1983 1.800 Enten gezüchtet. Es wurden 1.716 Enten sowie gut 9.000 Kilogramm Eier verkauft, was eine Bruttoeinnahme von 36.516,78 *Yuan* erbrachte. Bei Gesamtkosten von 27.344,89 *Yuan* (der Betrag bleibt unspezifiziert) blieb ein Reingewinn von 9.172,49 *Yuan*, den sechs Arbeitskräfte erzielten; die Autoren errechnen ein Tageseinkommen von 6,37 *Yuan* pro Person, was um 3,08 *Yuan* höher liegt als zu dem Zeitpunkt, da der Haushalt sein Land noch selbst bestellte.

3) Der dritte Haushalt läßt sein Land durch Lohnarbeit bestellen. Der Haushaltsvorstand ist 67 Jahre alt, seine Tochter und der Schwiegersohn sowie deren ältere Kinder arbeiten außer Haus, so daß er sein Land von Saisonarbeitern bestellen läßt. Die 5,56 *mu* erbrachten 1983 1.074 *Yuan*, wobei er den Arbeitern für 130 Arbeitstage mehr als 500 *Yuan* bezahlen mußte und außerdem noch 141 *Yuan* an Zahlungen und Abgaben zu leisten hatte; sein Nettoeinkommen betrug 433,5 *Yuan*, pro *mu* 77,97 *Yuan*. Hätte er sein Land verpachtet, hätte er mit Mindereinnahmen von 20 *Yuan* nach der ersten, 25 *Yuan* nach der zweiten Methode zu rechnen.[30]

Einkommensstruktur

In Zhejiang wurden 1985 die Märkte für Nebengewerbsprodukte freigegeben. Ein sichtbares Ergebnis ist nach Ansicht einer Untersuchungsgruppe der Provinz[31], daß das bäuerliche Einkommen von 47 *Yuan* 1949 über 165 *Yuan* 1978 auf 548,6 *Yuan* 1985 gestiegen ist. Dabei differenzieren die Autoren das Einkommen in 41,4 *Yuan* durch Nebengewerbe und 161,04 *Yuan* durch nichtlandwirtschaftliche Tätigkeit und unterscheiden im wesentlichen drei Entwicklungstypen bei der Einkommensteigerung:

1) Den Typ im Kreis Yin Gemeinde Zhangshui, wo die Bauern sich auf bestimmte Produkte, in diesem Fall auf Pflanzen für chinesische Medizin spezialisiert haben.
2) Den Typ Ningbo, Shaoxing, wo die ländliche Industrie gefördert wird.
3) Den Typ Wenzhou, wo über den Handel die Industrie gefördert werden soll, die gesamte Entwicklung aber von familiengebundener Wirtschaftsform abhängig bleibt.

Für die gesamte Provinz macht die Untersuchungsgruppe folgende Verteilung der ländlichen Einkommen aus:[32] Nach Bevölkerung gewichtet, haben 1980 22,76% der Haushalte weniger als 150 *Yuan* Jahreseinkommen, 27,6% zwischen 150 - 200 *Yuan*, 43,35% zwischen 200 - 300 *Yuan* und 16, 51% mehr als 300 *Yuan*. Nach Einkommen gewichtet, liegen 1980 12,82% der Einkommen unter 150 *Yuan*, 22,06% zwischen 150 - 200 *Yuan*, 36,96% zwischen 200 - 300 *Yuan* sowie 28,17% darüber. Bis 1982 hat sich die Situation bereits deutlich verändert; nach Bevölkerung gewichtet, verfügen nur mehr 1,83% über ein Einkommen von unter 150 *Yuan*, 4,95% verdienen zwischen 150 - 200 *Yuan*, 31,70% haben zwischen 200 - 300 *Yuan*, 48,38% zwischen 300 - 500 *Yuan* und 13,14% haben mehr als 500 *Yuan*. Nach Einkommen gewichtet, betragen 0,61% der Einkommen weniger als 150 *Yuan*, 2,52% zwischen 150 - 200 *Yuan*, 22,6% zwischen 200 - 300 *Yuan*, 52,04% zwischen 300 - 500 *Yuan* und 22,21% mehr als 500 *Yuan*. Bis 1985 ist das Haushaltseinkommen weiter angewachsen; nach Bevölkerung gewichtet, haben nur mehr 0,81% weniger als 150 *Yuan*, 2,54% zwischen 150 - 200 *Yuan* und 12,22% zwischen 200 - 300 *Yuan*; 36,71% der Haushalte haben bereits zwischen 300 - 500 *Yuan*, 33,55% zwischen 500 - 800 *Yuan* und 7,81% zwischen 800 - 1.000 *Yuan*, während 6,35% mehr als 1.000 *Yuan* haben. Nach Einkommen gewichtet, verfügen nur mehr 0,16% der Haushalte über ein Jahreseinkommen von unter 150 *Yuan*, 0,83% zwischen 150 - 200 *Yuan* und 5,67% zwischen 200 - 300 *Yuan*; 26,72% der Haushalte verfügen über 300 - 500 *Yuan*, 38,27% über 500 - 800 *Yuan* und 12,53% über 800 - 1.000 *Yuan*, während 15,8% über mehr als 1.000 *Yuan* Jahreseinkommen verfügen.

Interessant ist in diesem Zusammenhang ein Ergebnis, das Lou Yue bei einer Untersuchung 1985 über das Verhältnis von Arbeitskraft zu Konsument in verschiedenen Haushaltstypen ermittelte: in bäuerlichen Haushalten mit einem Einkommen von über 1000 *Yuan* im Jahr beträgt das Verhältnis von Arbeitskraft zu Konsument 1 : 1,28; bei Haushalten mit einem Einkommen zwischen 500 - 1000 *Yuan* beträgt es 1 : 1,45, während es bei Haushalten mit weniger als 200

Yuan Einkommen im Jahr 1 : 2,12 beträgt.[33] Gleichzeitig ermittelte er 1984 und 1985 Einkommensunterschiede im Vergleich zwischen rein landwirtschaftlich Tätigen und in der ländlichen Industrie Beschäftigten. Während 1984 die rein landwirtschaftlich Tätigen 381 *Yuan* verdienten, lagen die Einkünfte für in der ländlichen Industrie Beschäftigte bei 671 *Yuan*. 1985 hatte sich das Verhältnis auf 546 *Yuan* zu 1.074 *Yuan* entwickelt, die Unterschiedsrate also von 1 : 1,76 auf 1 : 1,97. Neben diesem sektoralen ermittelte er einen regionalen Unterschied zwischen dem Nordosten und dem Südwesten Zhejiangs in den Jahren 1983 und 1985; hier entwickelte sich die Rate von 1 : 1,25 auf 1 : 1,38.

An ausgewählten Produkten differenziert Lou Yue[34] darüber hinaus das täglich erzielbare Einkommen: Bei Produktion von Nylonbeuteln kann man 5,60 *Yuan* pro Tag bekommen, bei Frühreisproduktion 4,48 *Yuan* pro Tag, bei Spätreis 3,05 *Yuan* pro Tag, bei Weizen 3,10 *Yuan* pro Tag und bei Gemüse 5,11 *Yuan* pro Tag.

Zusammenfassend läßt sich über die Einkommensstituation von der Tendenz her sagen, daß die Einkommenshöhe eines ländlichen Haushaltes in Zhejiang von mehreren Faktoren bedingt wird; da ist zum einen die Auswirkung der Familienbiografie, wie sie in Größe und altersmäßiger Zusammensetzung des Haushaltes zum Ausdruck kommt: eine niedrige Arbeitskräfte-Konsumenten-Rate ist zumeist Bedingung für ein relativ hohes Einkommen; Familien mit niedriger Arbeitskraft-Konsumenten-Rate sind zugleich meist höchstens Zwei-Generationen-Haushalte mit selten mehr als vier Personen. Zweiter Faktor ist die sektorale Einbindung des Arbeitsplatzes; man kann bei der Bestimmung der Einkommenshöhe der Vollarbeitskräfte eines Haushaltes mit einer klaren Präferenz davon sprechen, daß ein industrieller Arbeitsplatz ein höheres Einkommen garantiert als landwirtschaftliche Tätigkeit, wobei allerdings zu beachten ist, daß die Vermarktungschancen einzelner besonderer Agrarprodukte sich unmittelbar in höheres Einkommen umsetzen. Dritter Faktor ist die regionale Beschäftigungsstruktur, nach der sich im statistischen Durchschnitt in stärker industrialisierten Gebieten im Norden Zhejiangs ein höheres Einkommen erzielen läßt als im Süden Zhejiangs, in dem nicht nur in der Agrarproduktion, sondern auch im sekundären Sektor die Familienwirtschaft dominiert.

Mobilitäts- und Migrationsformen

Nach Ansicht der Vertreter der Wirtschaftsreform sind Mobilität und Migration der ländlichen Arbeitskräfte und der Prozeß der Industrialisierung auf dem Lande unabhängig von der städtischen Industrialisierung entstanden und hängen direkt von den administrativen Maßnahmen ab, die unter der Parole "Freisetzung der latenten Energie" durchgeführt wurden.

Das bereits erwähnte Planwirtschaftskomitee[35] unterscheidet jedoch eine Reihe von Formen dieser Freisetzung der latenten Energie. Seiner Meinung nach ist sektorale Mobilität nicht gleichbedeutend mit regionaler Migration. Als Beispiel geben sie den Bezirk Xiaoshan an. Dort beträgt z.b. für die Bewohner der Weg zum Arbeitsplatz, soweit dieser nichtagrarisch ist, nach einer Stichprobenuntersuchung nicht mehr als 1,6 km. Als typisches Verhalten der Bauern treffen die Forscher die Situation an, daß die Bauern zwar mit nichtagrarischer Tätigkeit befaßt sind, zum Boden jedoch weiterhin vielfältige Beziehungen behalten; sie geben weder ihr Vertragsfeld - *zerentian* -, noch ihr Selbstversorgungsfeld - *kouliangtian* - ab; zwar ist nichtagrarische Tätigkeit bei vielen der Haupterwerb, doch behalten sie gleichzeitig ihre Tätigkeit auf dem Land. Die Autoren unterscheiden folgende Formen des Doppelerwerbs:

(a) Nach Zeitaspekten: Die Landbewohner verrichten übers Jahr neben der Landwirtschaft andere Arbeit; diese Form des Doppelerwerbs findet sich überall dort, wo es zu wenig Ackerland gibt und die Arbeitskräfte nicht ausgelastet sind, eine industrielle Arbeitsstelle aber in ihrer Nähe liegt oder zum Beispiel ihre Transportmittel gebraucht werden. Daneben gibt es saisonalen Doppelerwerb, bei dem die Landbewohner zu beschäftigungsintensiven Zeiten - Ernte und Saat - vollständig auf dem Land arbeiten, zu Zeiten jedoch, in denen die Arbeit auf dem Land ruht, im nichtagrarischen Sektor außerhalb des Dorfes arbeiten. In Zhejiang gibt es 1986 690.000 Saisonarbeiter im Baugewerbe; insgesamt arbeiten 2,17 Millionen außerhalb ihrer Dörfer.

(b) Nach Arbeitskräften: Obwohl Vollarbeitskräfte innerhalb der ländlichen Haushalte die Landwirtschaft ganz aufgegeben haben und außerhalb arbeiten, haben sie weder ihr Selbstversorgungsfeld noch ihr Vertragsfeld aufgegeben; das gleiche findet man bei Teilarbeitskräften, die bei Arbeitskräftemangel kurzfristig nach Hause zurückkehren, um auszuhelfen, was in Gebieten mit entwickelter ländlicher Industrie allgemein üblich ist. Bei einer Stichprobe in zehn Dörfern ermittelte das Planwirtschaftskomitee 1986, daß 80% der Bauern einem Doppelerwerb nachgehen; von ihnen haben nur 20% ihr Vertragsfeld aufgegeben, keiner aber das Selbstversorgungsfeld.

Als Faktoren des Doppelerwerbs machte das Planwirtschaftskomitee folgendes aus:

1) Im Vergleich zur städtischen Industrie hat ländliche Industrie Vor- und Nachteile; so hat sie z.B. keine Kostenbelastung durch Sozialversorgung der Beschäftigten zu tragen und zu Beginn Steuervorteile. Aufgrund des Lohnniveaus versuchen die qualifizierteren Arbeitskräfte jedoch, nach und nach in die Zentren abzuwandern. Weitere Nachteile sieht das Planwirtschaftskomitee in der be-

grenzten Kapitalausstattung der ländlichen Betriebe; so beträgt das Verhältnis von Arbeitskräften zum fixen Kapital nur 18% und die Produktivität der ländlichen Unternehmen nur knapp 50% des Landesdurchschnitts. Auch die starke Kreditabhängigkeit der ländlichen Industrie bereitet dem Planwirtschaftskomitee Sorgen. 1986 machen 12% der ländlichen Unternehmen Zhejiangs Verluste, was natürlich direkten Einfluß auf die Lohn- und Arbeitsplatzsicherheit hat.

2) Bisher gibt es keine Veränderung der Getreideversorgung für diejenigen, die als Landbewohner registriert sind, aber nicht mehr in der Landwirtschaft arbeiten; deshalb bewerben sich viele dieser Arbeitskräfte weiterhin um Vertragsfelder, obwohl Vertragsverantwortung zur Produktion der verpflichteten Menge zwingt. Andererseits gibt es für die Bauern keine andere Getreideversorgung als die eigene Produktion, wenn sie nicht auf dem freien Markt teures Getreide kaufen wollen. Sie bleiben also auf Selbstproduktion angewiesen, auch wenn sie nichtlandwirtschaftlicher Tätigkeit nachgehen.

So gibt es zwei Hauptgründe dafür, daß die Bauern das Vertragsfeld nicht aufgeben:

1) Die durchschnittliche Produktivität und Produktionsmenge ist, pro Kopf betrachtet, niedrig; deshalb ist das Marktangebot unsicher und befriedigt die Nachfrage nicht - die Preise sind hoch; dennoch hat die Provinzregierung von Zhejiang noch 1984/85 eine Ansiedlungspolitik für Selbstversorger in den Kleinstädten mit dem Resultat von 23.000 Zuzügen 1984 und 453.000 Zuzügen 1985 betrieben. Infolge der stagnierenden Getreideproduktion sollten aber bereits 1985 die Bauern zurück ins Dorf, da die Versorgung in den Städten für die als Selbstversorger deklarierten Bauern nicht ausreichte.

2) Die Anstellung in der ländlichen Industrie oder in den Städten ist prekär und unsicher.

Felduntersuchungen, die das Forschungsinstitut für Demographie der Universität Hangzhou auf der Basis von Daten des Ministeriums für öffentliche Sicherheit der Provinz Zhejiang 1985 durchführte, ergaben für 1984 eine absolute Wanderungsrate von 2,4% der Gesamtbevölkerung.[36] Dabei fanden die meisten Wanderungen innerhalb Zhejiangs statt, nur 15% der Migranten waren interprovinzielle Migranten. Neben größerer Distanz, geringerem Informationsaustausch und höheren wirtschaftlichen Kosten sprechen nach Ansicht von Yang und Goldstein[37] auch die kulturellen Differenzen zwischen den Provinzen, die sich in anderer Sprache, anderen Nahrungsgewohnheiten u.a. ausdrücken, gegen eine interprovinzielle Wanderung. Auch die mangelhaften Verkehrsverbindungen, die die Migranten daran hindern, regelmäßig ihre zurückgebliebenen Verwandten und Freunde zu besuchen, erhöhen die sozialpsychologischen Kosten im Entscheidungsfall. Im übrigen fordert die interprovinzielle Konkurrenz, selbstgesteckte wirtschafts-, bildungs- und beschäftigungspolitische Ziele zu erreichen, eine strikte Kontrolle der Bevölkerungszahl, so daß jede Provinz jedwede Zuwanderung solange zu unterbinden trachtet, wie sie nicht auf zusätzliche Arbeitskräfte angewiesen ist.

Innerhalb der Provinz streben die Migranten vorzugsweise nicht die größeren Städte an, sondern die Marktstädte - *zhen* -, während für die Kleinstädte ein Abwanderungsverlust festzustellen ist. Obwohl es einen realen Wanderungsverlust für die Kleinstädte gibt, bleibt festzuhalten, daß zwei Drittel aller intraprovinziellen Migranten 1984 vom Land stammen. Auffällig sind die geschlechtsspezifischen Unterschiede bei den Migranten: Während die Männer den überwiegenden Teil der Migranten in und zwischen den Städten bilden, bilden die Frauen die Mehrheit der Migranten vom bzw. auf dem Land. Allgemein läßt sich sagen, daß Männer hauptsächlich aus wirtschaftlichen Gründen wandern, was letztlich vor allem durch die Art der angebotenen Jobs wie z.B. im Baugewerbe, wo man fast nur Männer in den Bautrupps anstellt, bedingt ist; Frauen dagegen wandern signifikant häufiger aus familiären und verwandtschaftlichen Gründen, wobei die Patrilokalität bei der Heirat einen wichtigen kulturellen Einfluß darstellt.[38] Nur in Regionen mit überdurchschnittlich hohem Anteil an Familienwirtschaft wie beispielsweise Wenzhou oder an lokal betriebener Industrie wie beispielsweise Shaoxing finden sich unter den Migranten mehr Frauen als Männer.

Nach Ansicht des Planwirtschaftskomitees der Provinz Zhejiang sind überdies politische Gesichtspunkte bei einer Migrationsentscheidung seitens der Bauern von Bedeutung:[39]

(a) Bei der Nahrungsmittelversorgung beeinflußt die Subventionierung der Landwirtschaft das Verhältnis der Bauern zum Land; auch Mechanisierung und vergesellschaftete Dienstleistungen würden die Akzeptanz der Landwirtschaft durch Einkommenszuwachs erhöhen; bei konstant hoher Nahrungsmittelnachfrage bleiben die Migranten andererseits in den Städten auf Selbstversorgung angewiesen.

(b) Die Erhöhung des Gefühls der Arbeitsplatzsicherheit und der sozialen Sicherung für ehemals ländliche Arbeitskräfte würde ihre Migrationsentscheidung erleichtern.

(c) Das Wohnungsproblem in den Städten ist ein bedeutsames Hindernis für Migranten.

Dennoch konnte man seit Ende der siebziger Jahre eine zunehmende Beschleunigung der Abwanderung ländlicher Überschußbevölkerung in Zhejiang feststellen und hat zwei typische Formen der Migration ausgemacht: die Ningbo/Shaoxing-Form sowie die Wenzhou-Form. Die Ningbo/Shaoxing-Form ist typisch für wirtschaftlich entwickeltere Regionen, während die Wenzhou-Form stellvertretend für wirtschaftlich rückständigere Regionen ist.

Xu Tianqi und Ye Zhendong[40] machen folgende Formunterschiede der Migration aus:

1) Die Unterschiede in der Zugehörigkeit zu Eigentumsformen

Wenzhou: Die aus der traditionellen Landwirtschaft freigesetzten Arbeitskräfte wechseln zum größten Teil in individuell betriebene nichtlandwirtschaftliche Beschäftigung; familiäre Industrie und Haushaltsverbandswirtschaft sind die vorherrschenden Formen. Nach Schätzungen gab es 1985 in Wenzhou 800.000 ländliche Surplusarbeiter, davon sind 600.000 in Familienindustrie und andere nichtlandwirtschaftliche Beschäftigungen gewechselt; 437.800 wechselten in die Industrie; 113.800 (= 26,0%) kamen bei von Gemeinden verwalteten Betrieben unter, 89.700 (= 20,5%) wurden durch Betriebe in den Dörfern aufgenommen, was insgesamt 46,5% ausmacht. Die restlichen 53,5% arbeiten in Familienbetrieben. Im Provinzdurchschnitt stellt Wenzhou 12,9% der ländlichen industriellen Arbeitskräfte; betrachtet man die Familienwirtschaft für sich, so stellt Wenzhou auf Provinzebene 33,1%.

Ningbo/Shaoxing: Für diesen Typ ist charakteristisch, daß der Großteil der ländlichen Surplusarbeiter in Betriebe in Kollektiv- d.h. Verwaltungseigentum gegangen ist. 1985 betrug der Anteil, der in Betriebe unter Gemeindeführung wechselte, in Ningbo 43,3%, in Shaoxing 44,9%; in Betriebe auf Dorfebene wechselten in Ningbo 45,3%, in Shaoxing 48,1%, so daß deren Gesamtanteil in Ningbo 88,6% und in Shaoxing 93,0% betrug. Nur 11,4% bzw. 7,0% traten in individuell (privat) geführte Betriebe ein.

2) Die Unterschiede in den Produktionssektoren

Wenzhou: 1985 verteilten sich die 2,58 Millionen ländlichen Arbeitskräfte wie folgt: 1,62 Millionen (= 62,7%) waren im primären Sektor beschäftigt; 520.000 (= 20,3%) waren im sekundären Sektor beschäftigt; 310.000 (= 12%) (incl. 117.000 ländliche bäuerliche Ankäufer unter dem staatlichen An- und Verkaufssystem - *gongxiao*) waren im tertiären Sektor beschäftigt.

Ningbo/Shaoxing: 1985 arbeiteten die ländlichen Arbeitskräfte in Ningbo zu 56,1% im primären Sektor, zu 34,2% im sekundären Sektor und zu 5,5% im tertiären Sektor; in Shaoxing zu 63,6% im primären, zu 26,5% im sekundären und zu 4,1% im tertiären Sektor.

3) Die Unterschiede in der räumlichen Aufwärtsmobilität

Wenzhou: Die regionale Aufwärtsmobilität durchbrach den Rahmen des Verwaltungsgebiets; die Bauern verließen nicht nur die Heimat, sie wurden auch zur Zweiwohnsitzbevölkerung. Insgesamt hatten 251.100 (= 35,1%) Migranten zwei Wohnsitze. Von ihnen überschritten 177.900 die Provinzgrenze. Diese Zahl macht 39,0% aller Migranten Zhejiangs aus, die die Provinzgrenzen überschritten.

Ningbo/Shaoxing: Der Mobilitätsraum ist klein, der Anteil der Zweiwohnsitzbevölkerung, der die Provinzgrenzen überschritt, betrug in Ningbo und Shaoxing zusammen 92.700 Menschen (= 2,1% der Gesamtzahl der ländlichen Arbeitskräfte bzw. 5,9% der Migranten).

4) Die Unterschiede bei Migration in Kleinstädte und Gemeinden

Wenzhou: Viele Migranten siedeln sich in Gemeinden und Kleinstädten an und mußten in der Folge selbst für ihre Versorgung aufkommen; 1986 betrug der Anteil Wenzhous an der Provinzbevölkerung 15,6%, der Anteil der Bevölkerung, der selbst für seine Getreideversorgung aufzukommen hat, lag jedoch bei 30,3% der Provinzbevölkerung.

Ningbo/Shaoxing: Der Selbstversorgeranteil beim Wenzhoutyp liegt um 169% über dem des Ningshaotyps.

Als Gründe für die unterschiedlichen Formausprägungen der Migration machen die Autoren[41] die unterschiedliche Produktivität der Arbeit geltend; diese erwächst unter anderem dem Ausbildungsniveau der arbeitenden Menschen. Folgendes Verhältnis war 1982 festzustellen:

Abbildung 4: Ausbildungsniveau der arbeitenden Bevölkerung in Ningbo/Shaoxing und Wenzhou 1982 (in Prozent)

	Ningshao	Wenzhou
Hochschule	0,4	0,3
obere Mittelschule	6,4	3,5
Mittelschule	22,0	15,0
Grundschule	47,1	42,0
Analphabet	24,1	39,2

Als sie das Verhältnis von Ausbildung und Beschäftigung untersuchten, stellten die Autoren fest, daß fast 65% der in der Landwirtschaft Tätigen Grundschulbildung oder weniger besitzen. Im produzierenden Gewerbe dagegen gibt es neben 1,5% Beschäftigten mit Hochschulabschluß immerhin 61% mit Mittelschulabschluß. In der Bauwirtschaft haben über 70% Grundschul- oder unteren Mittelschulabschluß, ein Prozentsatz, der dem im Transportgewerbe wie auch im Handel nahezu entspricht. Da es zwischen dem Ausbildungsniveau der Arbeitskräfte und der Technologie, die von ihnen gehandhabt werden kann, eine Beziehung gibt, verwundert es nicht, daß bei dem schlechten Ausbildungsniveau der Bevölkerung in Wenzhou auch die eingesetzten Maschinen rückständig sind. Als Vergleichswert soll hier das Verhältnis von ländlicher Arbeitskraft zum Wert des von ihr eingesetzten fixen Kapitals dienen: Wenzhou => (1985) 262,31 *Yuan*, Ningshao => (1985) 654,01 *Yuan*.

Da die Entwicklung Wenzhous für viele Betrachter als Entwicklungsmodell für rückständigere Regionen im chinesischen Binnenland angeführt wurde, seien hier noch einige Spezifika der Situation Wenzhous erläutert. Da ist zuerst die Situation der Arbeitskräfte in Wenzhou:

(a) Von der verfügbaren Ackerfläche aus betrachtet, zeigt die Statistik des Jahres 1980, daß es in Wenzhou 5,82 Millionen Menschen bei einer Ackerfläche von 2,94 Millionen *mu* gibt, d.h. es gibt pro Person 0,51 *mu* (= 30% des chinesischen Durchschnitts). Jeder Bauer hat im Durchschnitt 2,12 *mu* (= 28% des Durchschnitts). Insgesamt gibt es 2,1 Millionen volle wie halbe ländliche Arbeitskräfte. Setzt man pro Arbeitskraft jeweils 5 *mu* als bearbeitbare Fläche, so reichen 600.000 Arbeitskräfte zur Landbestellung aus, und selbst wenn man noch 300.000 Arbeitskräfte in der ländlichen Industrie einsetzt, so bleiben 1,2 Millionen überschüssige Arbeitskräfte.

(b) Von der Erntesaison aus betrachtet, wird im Frühling geackert, im Sommer geerntet und neu ausgesät, im Herbst geerntet und im Winter neu ausgesät. So haben die Bauern drei Monate im Jahr auf dem Feld zu arbeiten und neben einiger Feldversorgung ansonsten freie Zeit.[42]

(c) Von 1980 bis 1986 stieg die Anzahl der Arbeitskräfte in Wenzhou insgesamt um 543.000.

(d) Von 1980 bis 1986 hat sich der Mechanisierungsgrad in der Landwirtschaft von 387.000 PS auf 882.000 PS gesteigert. Auch der Stromverbrauch ist im gleichen Zeitraum von 86.000 kW auf 260.000 kW gestiegen.

(e) Von städtischer Seite aus betrachtet, ist die Aufnahmekapazität ländlicher Arbeitskräfte beschränkt, da die Industrie wenig entwickelt ist und auch wenig fixes Kapital, das Arbeit binden könnte, neu geschaffen worden ist.

Li Diliang und seine Kollegen beobachteten, daß die Bauern und Kader in Wenzhou sich entschlossen haben, den Weg der Familienwirtschaft zu gehen und damit die Familie zur grundlegenden Wirtschaftseinheit zu machen. Konkret heißt dies, daß sich die Familien auf die Herstellung, den Transport und Handel von Waren besonnen haben, für die die offiziellen Kanäle unzureichend sind. Der Bewegungsraum dieser ambulanten Händler, die hier einkaufen, um dort zu verkaufen, ist groß, doch tragen sie wesentlich zu weiterer Überlastung des Transportsystems bei. Von den 2,63 Millionen Arbeitskräften Wenzhous arbeiten inzwischen 1,3 Millionen im sekundären oder tertiären Sektor. Die Waren werden nach dem Prinzip *yi shang ma, touzi shao, jianxiao kuai*[43] - "Das Pferd muß leicht zu besteigen sein, weniger Investitionen bedürfen und schnelle Resultate abwerfen" - produziert, wobei von den Produzenten wenig Vorkenntnisse verlangt werden. Dementsprechend ist die Qualität der hergestellten Waren schlecht, die Wettbewerbsfähigkeit gering, die technische Ausstattung mangelhaft, und die Waren werden mit einem Aufwand an Rohstoff und Energie hergestellt, der nur aus der mangelhaften Marktversorgung verstehbar ist. Eine andere Sicht der Dinge vertritt dagegen der Doyen der chinesischen Soziologie, Fei Xiaotong.[44] Er schildert eine prosperierende Produktion von Kleinwaren: Knöpfe, Handschuhe, Armbänder, Haarspangen etc. Inzwischen gibt es nach Genehmigung durch die Behörden mehr als 700 Knopfläden. Produktion und Vertrieb dieser Waren haben den Menschen in den letzten Jahren erlaubt, neue Häuser zu bauen; in ihnen spiegelt sich die geschlechtliche Arbeitsteilung wider. Im Erdgeschoß führen die Frauen die Verkaufsräume, in ersten Stock werden die Kleinwaren hergestellt, zumeist von den Kindern der Familie, darüber befinden sich die Privaträume. Die Männer sind auf Verkaufs- oder Einkaufsreise. Mittlerweile kommen viele Händler, um direkt vor Ort die Waren einzukaufen, die man in den großen Städten nur mit Mühe bekommt.

Aufgrund der schwachen Kapitalausstattung und der Tatsache, daß die Produktionseinheit die Kernfamilie ist, ist die Möglichkeit der rationelleren Produktion beschränkt, und die Erfolge auf dem Markt entstammen meist der Mangelwirtschaft, d.h. dem mangelnden Angebot. Eine Reihe der produzierenden Frauen äußerten sich skeptisch ob ihrer Zukunft angesichts enormer Konkurrenz und fallender Gewinne. Fei Xiaotongs Antwort auf diese Situation sind Überlegungen in Richtung auf eine Kooperation und Zusammenlegung der Familienbetriebe: Nicht mehr unter der Lampe im eignen Haus produzieren, heißt sein Vorschlag. Eine andere Möglichkeit wäre die Beibehaltung der familiären Besitzstruktur mit der Möglichkeit, den Betrieb durch die Einstellung von Lohnarbeitern zu erweitern. Doch hier sind die Befürchtungen, die "Kapitalistenkappe" aufgesetzt zu bekommen, sehr groß.

Schaut man auf das Land, so stellt man fest, daß sich in der Landwirtschaft einerseits eine Spezialisierung durchgesetzt hat, so daß jetzt bestimmte Haushalte hauptsächlich Fleischproduktion, Geflügelzucht, Fischzucht oder Obstanbau betreiben; andererseits zeigt sich, daß der Getreideanbau in diesem Wettbewerb nicht bestehen kann, da die Preise, die das Getreide erzielt, weit unter denen für die anderen Produkte liegen. Indirektes Ergebnis dieses Verdrängungswettbewerbs aber ist der Verfall der Bewässerungsanlagen und des Schutzes vor Katastrophen. Überdies werden sowohl Infrastruktureinrichtungen wie auch Wohnraum und Stromversorgung infolge der Nachlässigkeit beeinträchtigt. Da Teile des Bodens überdies durch Erosion verloren gehen, stellt sich das Problem der Getreideversorgung nunmehr auch als Problem der Transportversorgung dieser Erosionsgebiete.

Jiangsu

Allgemeine Produktionsbedingungen auf dem Land

In Jiangsu ist die Populationsdichte von jeher hoch; die Gesamtzahl der Arbeitskräfte nahm zwischen 1949 und 1983 von 13,26 Millionen Menschen auf 24,4 Millionen Menschen zu;[45] zugleich sank die Ackerfläche von 82,85 Millionen auf 69,47 Millionen *mu* (5,52 Millionen ha; bzw. 4,63 Millionen ha). Rein rechnerisch sank also die verfügbare Ackerfläche pro Arbeitskraft von 6,25 *mu* 1949 auf 2,85 *mu* 1983.

Gu Jirui gibt für 1982 folgende regionale Relation zwischen Arbeitskraft und Ackerfläche in Jiangsu an.[46]

Abbildung 5:   Relation zwischen Arbeitskraft und Ackerfläche in Jiangsu 1982

	Ackerfläche pro A'kraft	Ertrag ländliche Industrie Mio. Yuan	Produktionswert pro ländl.industr. A'kraft Yuan
Jiangsu	2,91	13.419	222
Nanjing	2,99	643	143
Wuxi	1,89	2.739	714
Xuzhou	3,85	503	74
Changzhou	2,64	1.134	378
Suzhou	2,15	2.834	537
Nantong	1,85	1.544	210
Lianyungang	3,97	195	68
Huaiyin	4,05	348	40
Yancheng	3,73	735	105
Yangzhou	2,60	1.875	215
Zhenjiang	2,68	869	360

Dabei zählt vor allem in Sunan, dem südlichen Jiangsu, die Getreideproduktion, was den Flächenertrag angeht, zu den produktivsten der Welt. Während des sechsten Fünfjahrplans betrug die Jahresproduktion an Getreide in Suzhou z.B. bei einer Produktionsmenge von 1.234 Pfund pro *mu* 5,2 Milliarden Pfund. Trotz dieser durch Intensivlandwirtschaft erzeugten Menge reicht die Produktion nach Ansicht von Zhang Junren und Shi Xunru[47] nur zur Selbstversorgung der Region. Bei weiterem Ausbau der Industrieproduktion während des siebten Fünfjahrplans und dem damit verbundenen Flächenbedarf kann bei steigender Bevölkerungszahl und einem gegenwärtigen Nahrungsmittelbedarf von 950 Pfund Getreide pro Kopf und Jahr die Selbstversorgung nicht gewährleistet bleiben. Denn schon während des sechsten Fünfjahrplans mußten jährlich zwischen 70.000 und 80.000 Pfund Futtermittel importiert werden. Anderer Ansicht über die Versorgungslage in Sunan sind allerdings Luo Xiaopeng u.a.[48] in einer vergleichenden Studie über die Getreideversorgung in wirtschaftlich entwickelten Gebieten. Sie stellen in Jiangsu für das Jahr der Rekordernte 1984 fest, daß bei niedrigem Konsumniveau ein Getreideüberschuß erzeugt wurde. Während der politischen Diskussion in der Provinz hätten daraufhin einige Genossen, die in den zuständigen Ministerien für Industrie und Landwirtschaft 1983 noch eine fallende Getreideproduktion fürchteten, infolge der Rekordernte schnell ihre Meinung geändert und äußerten nunmehr Befürchtungen, daß bei weiter ansteigender Getreideproduktion für die Provinzregierung die Verpflichtung bestünde, noch mehr Getreide staatlich anzukaufen. Der Anteil des staatlich aufzukaufenden Getreides würde so von etwa 28% 1983 und 31% 1984 noch weiter ansteigen.[49] Damit verschärfe sich eines der Hauptprobleme: Die Lagerung des Mehrprodukts in den Getreideüberschußgebieten.

Von den etwa 900.000 Tonnen Getreide in Jiangsu lagern etwa 250.000 Tonnen ungeschützt neben den Bauernhäusern. Bauern und Getreideverwaltung weisen sich die Verluste an Getreide durch unsachgemäße Lagerung gegenseitig zu. Eine Lösung dieses Problems suchten die Verwaltungen nach 1984 darin, die staatlichen Aufkaufverpflichtungen auf dem bestehenden Niveau zu garantieren, den Bauern aber nahezulegen, das über die Pflichtmenge produzierte Getreide selbst zu vermarkten. Durch regionale Konzentration der Getreideproduktion sollen Lagerung, Transport und Vermarktung in ihrer Problematik entschärft werden. Die Provinzregierung von Jiangsu vertritt nach Ansicht von Luo Xiaopeng[50] die Devise, man könne den Bauern das Problem des Mehrprodukts selbst überlassen und allerhöchstens versuchen, sie zur Ausweitung ihrer Produktpalette zu veranlassen. Außerdem solle versucht werden, die Getreideproduktion aus Sunan nach Subei, ins nördliche Jiangsu, zu verlagern.

Zwar wird von vielen Autoren, die die landwirtschaftliche Produktionsstruktur Jiangsus diskutieren, eine Zusammenlegung kleinerer Produktionseinheiten gefordert, doch ist in Einzeluntersuchungen gleichzeitig festgestellt worden, daß bei Beibehaltung der gegenwärtigen familiaren Produktionsbedingungen der Reinertrag der Landwirtschaft mit steigender Betriebsgröße abnimmt. Bei einer Stichprobenuntersuchung während der Herbsternte 1985 zeigte sich, daß die Nettoeinnahme pro *mu* von 93,57 *Yuan* bei 10 *mu* Herbsternteläche pro Arbeitskraft auf 84,15 *Yuan* bei 20 *mu* sank, bei 30 *mu* sogar auf 75,69 *Yuan*. Eine

Stichprobe 1986 brachte ähnliche Ergebnisse: Einnahmen aus Getreide, Öl, Nutztieren etc. zusammen erbrachten bei 10 *mu* 167,45 *Yuan*, bei 30 *mu* 131,42 *Yuan* und bei 50 *mu* 99,95 *Yuan*[51] - und dies trotz sinkender Aufwendungen für Kunstdünger, Pestizide etc. bei vergrößter Nutzfläche pro Arbeitskraft.

Politisch wurde in dieser Periode allerdings an der regionalen Differenzierung der Produktionsstruktur festgehalten, indem man in Subei Siedlungsgebiet für die Landwirtschaft erschloß, während man für Sunan auf die Förderung ländlicher Industrie setzte. Für eine erfolgreiche Verwirklichung dieser Strategie sprach, daß Sunan durch seine Nähe zum wirtschaftlich starken Shanghai wie auch seine historischen Voraussetzungen über eine ausbaufähige Infrastruktur verfügt; zur Lösung drängender Bevölkerungsprobleme im wirtschaftlich schwachen Subei versprach man sich von der Siedlungspolitik eine gewisse Entzerrung der Probleme.

Bevölkerungsdruck und Siedlungspolitik

An zwei Beispielen soll die Problematik der Siedlungspolitik in Nordjiangsu erläutert werden. Zu Beginn der achtziger Jahre begann man mit der Nutzung eingedeichten Landes als Siedlungsgebiet im Bezirk Zheyang. Ende 1986 lebten inzwischen 24.016 Haushalte mit 85.291 Personen in einem Teil des insgesamt 740.000 *mu* großen Gebiets im alten Mündungsbereich des Huanghe, welches sich durch Schwemmland jährlich um 10.000 *mu* vergrößert. Partei und Kreisregierung betrachten das gewonnene Schwemmland als Ansiedlungsgebiet und die Umsiedlung als einen Weg, das Problem des Arbeitskräfteüberschusses in der Landwirtschaft zu mildern. Der durch die Migration gewonnene Boden soll zur Vergrößerung der durchschnittlichen Ackerfläche für die verbleibenden Bauern dienen, da das Land-Arbeitskräfte-Verhältnis immer noch durch zu kleine Höfe geprägt ist. Bei 830.000 ländlichen Arbeitskräften im gesamten Kreis gibt es nur 1,36 Millionen *mu* Ackerland, so daß pro Person 1,65 *mu* zur Verfügung stehen. Da derzeit 357.600 Bauern Landwirtschaft betreiben, kommen auf jede Arbeitskraft 4,9 *mu*. Da das Land kein Reisbauland ist, könnte nach den gegenwärtigen Verwaltungsplänen jede Arbeitskraft jedoch 7 *mu* bewirtschaften; bei weiterer sinnvoller Mechanisierung im Rahmen kooperativer Landwirtschaft errechnet sich pro Arbeitskraft sogar eine zu bewirtschaftende Fläche von 20 *mu*. Je nach dem Grad der kooperativen Bewirtschaftung ergäben sich zwischen 84.000 und 200.000 überschüssige Arbeitskräfte.

Nach den Vorstellungen der Partei in Zheyang kann nur ein Teil dieser Arbeitskräfte im sekundären oder tertiären Sektor Arbeit finden; deshalb hat man die Besiedlung des eingedeichten Neulandes als Alternative ins Auge gefaßt und fördert sie durch technische, finanzielle und administrative Mittel. Doch scheinen die Bauern wenig Bereitschaft zur Umsiedlung zu zeigen: Mittels ideologischer Kampagnen gegen altes Gedankengut, gegen *xiao fu ji an* - "Kleines Glück bedeutet Frieden" -, *gu tu nan li* - "Es fällt schwer, von der Heimat zu scheiden" oder *yi nong wei ben* - "In der Landwirtschaft verwurzelt", suchte die Partei, die Bauern zur Umsiedlung zu überreden und Überzeugungsarbeit zu leisten. Die überzeugendsten Argumente in den Augen möglicher Umsiedler sind jedoch Aussichten auf hohe und vor allem schnelle Gewinne. Doch daß das neugewonnene Land erst urbar gemacht werden muß, bevor es Gewinn abwirft, hatte sich schnell herumgesprochen. Die Aussicht auf schnellen Reichtum ist so nicht ungetrübt; auch stellte sich bald heraus, daß die Neuansiedler eine ganze Reihe von Problemen in der Bewältigung des Alltagslebens, wie z. B. bei der Trinkwasser- und Getreideversorgung, beim Verkehr auf Straßen und Brücken sowie bei der ärztlichen Versorgung, Strom, Schulversorgung etc. erwartete.

Als Ausgleich für die harte Arbeit haben Staat, Kreisverwaltung und Kollektivverwaltung beschlossen, in der Besteuerung der unter das Vertragsverantwortungssystem fallenden Betriebe maßvoll zu sein, und die Autoren der Verwaltung[52] nennen als Beispiel für erfolgreich koordinierte Politik das Lohnniveau von Arbeitern in einer Krabbenzuchtfirma, deren Mitarbeiter im Durchschnitt jährlich 4.590 *Yuan* verdienten.

Dieses Programm war 1985 für 857 Haushalte mit 2.911 Personen Anreiz, sich zur Niederlassung zu entschließen. Zur Lösung des Ernährungsproblems haben Partei und Verwaltung in Zheyang beschlossen, den Bewohnern ein Feld für den eigenen Getreideanbau sowie ein Feld unter dem Vertragsverantwortungssystem zu garantieren. Bei allen Verträgen entschloß man sich für das System der Angebotsverträge mit einer Vertragsdauer von fünfzehn Jahren aufwärts. Das Nutzungsrecht kann nach Ablauf der Frist fortgesetzt oder umgewandelt werden, und der Vertragspartner hat das Recht, im Rahmen der Planvorgaben selbständig über die Bewirtschaftung zu entscheiden, Waren zu reduzierten Preisen zu verkaufen und Arbeitskräfte anzuwerben. Und als besondere Vergütung stellt man Bewohnern, die mehr als zehn Jahre im neuen Siedlungsgebiet wohnen, in Aussicht, daß ihre Kinder die ländliche in städtische Registrierung umgewandelt bekommen können. Beim Wohnungsbau subventioniert die Verwaltung das Baumaterial, doch bleibt die Verwaltung beim Ausbau der Infrastruktur weiterhin auf staatliche Hilfe angewiesen.

Am zweiten Beispiel, Yancheng in Zentraljiangsu, wird das Problem des Bevölkerungsüberflusses in unterentwickelten ländlichen Regionen deutlich. Ein kurzer Blick auf die Entwicklung der Altersverteilung von Kindern und Gesamtbevölkerung in Yancheng zeigt, daß der Beschäftigungsdruck steigt.[53]

Jiangsu

Abbildung 6: Entwicklung der Altersverteilung von Kindern im Verhältnis zur Gesamtbevölkerung in Yancheng

	Jahre	%
1953:	0 - 4	15,81
	5 - 9	11,71
	10 - 14	10,35
1964:	0 - 4	14,21
	5 - 9	14,96
	10 - 14	12,23
1982:	0 - 4	8,55
	5 - 9	9,21
	10 - 14	13,64

Abbildung 7: Entwicklung der Altersverteilung der Bevölkerung in Yancheng

1964:	Kinder vor Schulalter:	985.000	= 19,8%
1982:	(0 - 6 Jahre):	861.000	= 12,3%
1964:	Kinder im schulpflichtigen Alter:	1.075.000	= 21,6%
1982:	(7 - 14 Jahre):	1.344.000	= 19,1%
1964:	Gebärfähige Frauen:	1.111.000	= 22,3%
1982:	(15 - 49 Jahre):	1.840.000	= 26,2%
1964:	Arbeitkräfte:	2.432.000	= 48,9%
1982:	(Frauen 16 - 54, Männer 16 - 59):	4.013.000	= 57,1%
1964:	Alte Menschen:	382.000	= 7,7%
1982:	(Frauen >55, Männer >60):	633.000	= 9,0%

Zwar erfolgte in den Jahren seit 1949 und speziell seit Beginn der Reformperiode eine Entwicklung des Gebietes, die von West nach Ost verlief und auf Entwicklungspläne von Partei und Staat aus den fünfziger Jahren zurückgeht, in deren Rahmen viele neue Siedlungen und Dörfer geschaffen wurden. Im Rahmen dieser Projektpläne wurden Deiche zur Landgewinnung und zum Überschwemmungsschutz gebaut, Kanäle und Häfen ausgebaut sowie staatliche Farmen, Forstwirtschaft und Salinen gefördert. Und für das Jahr 1983 gibt die Statistik inzwischen 5.603 ländliche Industriebetriebe an, deren Bruttoproduktionswert zusammen 790 Millionen *Yuan* pro Jahr beträgt[54] und in denen 240.000 Arbeitskräfte arbeiten.

Dennoch ist das Problem der Arbeit für viele Landbewohner nicht gelöst; Zhou Junhong berichtet von vielen Bauern, die in die Stadt kommen, um dort ambulanten Handel treiben oder Marktstände eröffnen zu wollen, sich aber bald in den Straßen und Gassen herumtreiben oder Kuliarbeit verrichten müssen. Und eine Untersuchung des Komitees für Bevölkerungsplanung des Bezirks Yancheng im August 1987 in neun Gemeinden, die die Auswirkungen der Mobilität und Migration auf das Gebärverhalten zum Thema hatte, bemängelte, daß es keine einheitliche Verwaltung für die Geburtenkontrolle der Wanderbevölkerung gibt. Da die Frage der Geburtenkontrolle zum Teil bei den Gemeinde- oder Marktstadtverwaltungen, zum Teil bei den Dorf- oder Einwohnerkomitees liege, sei die Verantwortung unklar und die Arbeitsteilung verschwommen. So habe man 4.448 verheiratete Auswanderer, davon 1.976 Frauen im gebärfähigen Alter, befragt und feststellen müssen, daß von diesen Frauen nur mehr 6,78% ohne Kinder seien, 40,28% ein Kind, 34,36% zwei Kinder und 18,57% mehr als zwei Kinder haben. Auch die Siedlungspolitik kann nur bedingt als erfolgreich bezeichnet werden, betrachtet man die Zielorte der Emigranten; von den 4.448 Personen blieben 8,2% innerhalb ihrer Gemeinde, 19,94% innerhalb ihres Kreises, 9,22% innerhalb der Stadt, 26,03% innerhalb Jiangsus, während 36,3% die Provinz verließen.[55] Nach ihrer Auswanderung arbeiteten 50,36% der Migranten im Transport - davon 49,19% auf dem Wasser -, 4,97% auf dem Bau, 5,89% in der Fischerei, 2,86% im Kleinhandel, 10,36% im Kleinhandwerk, 5,85% wurden Arbeiter, 10,09% wurden Zeitarbeiter; Hilfsarbeit, Arbeit in der Textilindustrie oder dem Gemüsebau verrichteten 9,92%.[56]

Doch sind im gleichen Zeitraum auch 2.012 Menschen, davon 54,92% Frauen im gebärfähigen Alter, nach Yancheng eingewandert. Unter den 1.105 Frauen haben 19% kein Kind, 39,46% ein Kind, 30,95% zwei Kinder und 10,59% mehr als zwei Kinder. Aus dem Gebiet der Dorfgemeinden kommen 24,5%, aus dem Kreis 43,99%, innerhalb des Stadtgebietes wechselten 25,7% Wohnort und Beschäftigung; nur 3,53% zogen aus Jiangsu, gar nur 2,29% aus anderen Provinzen zu.

Von diesen Immigranten arbeiten 7,95% im Transport - davon 5,37% Wassertransport -, 4,97% auf dem Bau, 1,54% in der Fischerei, 6,26% im Kleinhandwerk, 5,14% im Kleinhandel, 15,16% als Arbeiter, 23,76% als Zeit- oder Kontraktarbeiter, 6,61% im Agrarsektor, 5,22% als Textilaushilfsarbeiter und 22,07% in unspezifizierten Bereichen.[57] Die meisten Migranten haben dörfliche Registrierung, arbeiten allerdings nicht mehr in der Landwirtschaft.

Mobilitäts- und Migrationsformen

Ein wesentlicher Faktor der Freisetzung landwirtschaftlicher Arbeitskräfte ist nach Ansicht chinesischer Autoren, die sich mit der Entwicklung in Jiangsu beschäftigen, die Erhöhung der Produktivität der Arbeit. In einer Aufstellung für die gesamte Provinz stieg laut Fan Jianping[58] zwischen 1952 und 1982 die Arbeitsproduktivität um 25,25% und die pro Arbeitskraft zu bewältigende Ackerfläche infolge der Modernisierung der Arbeitsmittel, der Kapitalausstattung und anderer Faktoren um 33,87%. Im gleichen Zeitraum nahm wegen der Ausdehnung der Wohn- und Industrieflächen die Gesamtackerfläche um 20,26% ab. Setzt man allein diese beiden Faktoren in Rechnung, so sank der Bedarf an landwirtschaftlichen Arbeitskräften von 16,21 Millionen im Jahre 1952 auf 9,66 Millionen im Jahre 1982; doch tatsächlich gab es 1982 17,43 Millionen landwirtschaftliche Arbeitskräfte, also einen Überschuß von 7,77 Millionen. Zhou Qichang und Du Wenzhen[59] geben als wesentliche Faktoren der sektoralen Mobilität

(a) die Wachstumsgeschwindigkeit der Getreideproduktion und die Erhöhung der Produktivität in der Landwirtschaft,
(b) die Produktivität der ländlichen Arbeitskraft und
(c) die Wachstumsrate des Nationaleinkommens

an.

Fan Jianping[60] ermittelte für Jiangsu 1982 vier Typen von Mobilität bei ländlichen Arbeitskräften.

Typ 1: Tägliche Pendler;
Typ 2: Saisonarbeiter;
Typ 3: Die Familie lebt im Dorf, ein Mitglied als Arbeiter in der Stadt, er besucht die Familie von Zeit zu Zeit;
Typ 4: unbestimmt; dieser Typ ist nach der Einführung des Vertragsverantwortungssystems, als Haushalte dazu übergingen, diverse andere als rein landwirtschaftliche Tätigkeiten auszuführen, entstanden.

Die Mobilität war gerade in Jiangsu mit seiner unterschiedlichen Wirtschafts- und Siedlungsstruktur Gegenstand eingehender Betrachtungen, suchte man doch, die ländliche Industrialisierung durch die Förderung von Markt- und Kleinstädten zu beschleunigen. Die Kleinstädte waren Mitte der achtziger Jahre geradezu propagandistischer Exportschlager. In einer Bestandsaufnahme von Ende 1985 machte Ye Kelin[62] in Jiangsu 9.130 Marktstädte - *jizhen* - aus. Um ihre Entwicklungschancen einschätzen zu können, stellte er bei 190 Marktstädten in drei Regionen der Provinz - Sunan, Suzhong und Subei - strukturelle Unterschiede gegenüber und ermittelte einige exemplarische Typen.[63] Für Sunan sind dies Wujiang und Jiangyin, für Suzhong Lishui, Haian und Yanjiao und für Subei Suqian und Peixian. Sowohl von ihrer Bevölkerungs- wie auch ihrer Beschäftigungsstruktur[64] her sind die Städte des südlichen Jiangsu industriell geprägt,

Abbildung 8a:[61] **Migrationstypen in Jiangsu 1982**

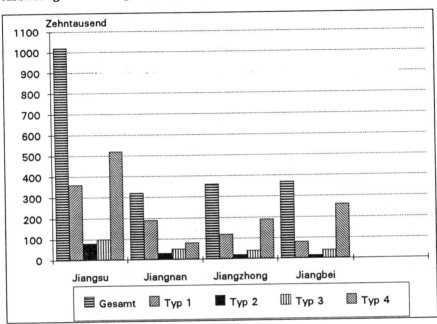

Abbildung 8b: **Migrationstypen in Jiangsu 1982**

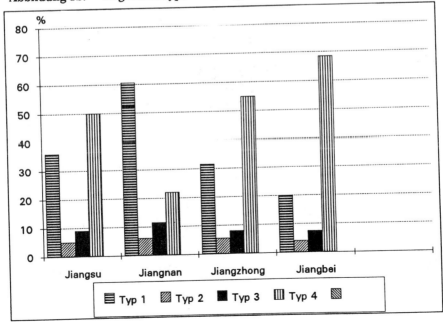

nicht wenige der ländlichen Bewohner fahren als Pendler in die Stadt. In Zentraljiangsu kristallisiert sich keine klare Bevölkerungsstruktur heraus; der Anteil der industriell Beschäftigten liegt bei etwa 40%, während zwischen 15% und 20% noch auf dem Land arbeiten. Auffällig dagegen sind überproportional viele Arbeitskräfte, die im Transport- und Baugewerbe arbeiten, und auch der Anteil derjenigen, die Handel treiben, liegt bei über 10%. In Nordjiangsu ist noch mehr als die Hälfte der Bewohner der Marktstädte als ländliche Bevölkerung registriert; diese Registrierung entspricht in der Tendenz der Beschäftigung, da noch zwischen 35% und 50% der Beschäftigten in der Landwirtschaft arbeiten.[65]

Gu Jirui, der den Zusammenhang von ländlicher Industrialisierung und Mobilität der ländlichen Bevölkerung untersuchte, stellt die relativ schnelle ökonomische Entwicklung in Jiangsu in Zusammenhang mit einer hohen Vermarktungsrate der hergestellten Waren. Während der Warenanteil der hergestellten Güter in den fünfziger/sechziger Jahren 20% - 30% ausmachte und während der siebziger Jahre auf 40 - 45% anstieg, erlebte die Warenproduktion ihren eigentlich Boom in Jiangsu seit Beginn der achtziger Jahre, als die Vermarktungsrate 1983 auf 70% und 1986 auf 80% anstieg.

Die ländliche Industrie trug vor allem in Sunan zur Entfaltung der Warenverkehrswirtschaft bei. Sie breitete sich wellenförmig um die größeren Städte aus, benötigte sie doch vielfach das Know-how der Zentren für den eigenen industriellen Aufbau. Doch nicht nur Anleitung zum Gebrauch der Technik war nötig, auch bei der Belieferung mit Rohstoffen u. a. (Brenn- und Kraftstoffe, Hilfsmittel, Vertrieb, Logistik) ist die ländliche Industrie von den Zentren abhängig. Du Wenzhen und Wang Chen stellen die Beziehungen verschiedener Kreise des Bezirks Suzhou zu Shanghai und Suzhou dar:[66]

Abbildung 9: **Betriebsbeziehungen Suzhouer Betriebe zu Shanghai**
((a) **Betriebe insgesamt; (b) Betriebe mit Beziehungen zu Shanghai; (c) Betriebe mit Beziehungen zu Suzhou))**

	(a)	(b)		(c)	
Wuxian	331	110	33,23%	100	30,21%
Changshu Shi	284	116	40,85%	10	3,52%
Zhangjiagang	149	61	40,93%	15	10,07%
Taicang	230	117	50,86%	37	16,09%
Kunshan	301	187	62,13%	9	2,30%
Wujiang	175	76	43,43%	28	16,00%

Doch bedarf es gleichzeitig einer Infrastruktur mit Elektrizität und ausgebautem Verkehrsnetz, wie das Beispiel von Nantong in Subei zeigt. Bei hoher Bevölkerungsdichte, pro Arbeitskraft gibt es in den Vororten nur 1,85 *mu* Ackerfläche von zudem schlechter Bodenqualität, ist der Lebensstandard niedrig und das Bevölkerungswachstum hoch. Zu Beginn der siebziger Jahre wurde trotz der ungünstigen Verkehrslage auf dem nördlichen Yangzi-Ufer versucht, ländliche Industrie anzusiedeln. In kleinerem Umfang gelang dies auch, dennoch gab es 1982 47.800 überschüssige Arbeitskräfte (davon 10.000 seit 1970 neu hinzugekommene). Und es zeichnet sich nicht ab, daß diese Arbeitskräfte in der Region Arbeit finden könnten.

In Sunan dagegen sind auswärtige Arbeitskräfte auch in ländlichen Gebieten nicht ungewöhnlich; allein in den Bezirk Wuxi sind 1985 aus dem Subei und angrenzenden Gebieten mehr als 50.000 Menschen gekommen; nach Shazhou kamen aus benachbarten Bezirken mehr als 10.000 Menschen.[67] In Suzhou konnte 1986 infolge des Wachstums der ländlichen Industrien um 34,4% die Nachfrage nach Arbeitskräften durch die Region nicht mehr befriedigt werden. Dort waren mittlerweile von den 5.663.100 ländlichen Arbeitskräften 3.356.700 (59,3%) in nichtagrarischen Bereichen tätig, und man findet kaum noch einen Bauern unter 30 Jahren. Das Einzugsgebiet der ländlichen Industrie hat sich in Sunan auf 20 Kilometer erweitert, und der Mangel an Arbeitskräften führte zu einem Anstieg der Lohnkosten, so daß ein Arbeiter 1986 im allgemeinen zwischen 1.000 und 1.500 *Yuan* pro Jahr verdient. So wundert es nicht, daß aus den rückständigen Gebieten Jiangsus allein 1986 mehr als sechs Millionen Kurzzeitarbeiter abgewandert sind und ihre Zahl in gewissen Zuzugsgebieten bereits 20% der Gesamtarbeitskräfte ausmacht. Dabei wechseln diese Arbeitskräfte nicht immer ihre Tätigkeit; in Gebieten, in denen die Anzahl der möglichen Bauern für Vertragsverantwortung nicht mehr erreicht wird, werden mögliche Verträge zum Teil bereits von Zugewanderten übernommen. Doch ist dies eher noch die Ausnahme als die Regel.

Auch in relativ hoch entwickelten Regionen, in denen der Anteil der Industrie und des Nebengewerbes mehr als 80% des Bruttoproduktionswerts beträgt, arbeiten noch viele Landbewohner im Doppelerwerb - *yi gong yi nong*. Als Beispiel soll eine Stichprobe aus 17 Dörfern um Shazhou dienen: Von den 25.900 Bewohnern sind 15.200 Arbeitskräfte, von denen etwa 70% (10.400) 1983 in 26 gemeindegeführten und 86 dorfgeführten Betrieben als Arbeiterbauern arbeiteten. Lange Zeit ergab die Getreideproduktion zwar hohe Erträge bei Weizen, Roggen und Gerste, doch die bäuerlichen Einkünfte blieben spärlich. Erst mit der Umstellung der Produktion auf Nebengewerbe und der Erhöhung der Einkaufspreise sowie der Förderung der ländlichen Industrie verschob sich das Beschäftigungsverhältnis und verbesserte sich der Lebensstandard. Dennoch haben auch in Shazhou die Bauern ihr Vertragsland behalten. Die doppelte

Tätigkeit und der doppelte Erwerb beruhten auf der Möglichkeit höherer Löhne in der Industrie, gleichzeitig aber auf der Notwendigkeit, daß man, solange man weiterhin als Landbewohner registriert ist, Selbstversorger mit Getreide und anderen Nahrungsmitteln bleiben muß. So stellt Gu Jirui[68] fest, daß die Arbeiterbauern in Jiangsu zu 10% vollständig in nichtlandwirtschaftlichen Gewerben, zu 80% zur Hauptsache in nichtlandwirtschaftlichen Gewerben (je jünger und besser ausgebildet, desto mehr nichtlandwirtschaftliche Tätigkeit) und zu 10% saisonal oder kurzfristig nichtagrarisch arbeiten.

Folge der Neuorientierung der ländlichen Bevölkerung ist, daß sich aus Mobilität und Migration neue Verhaltensweisen ergeben. So hat sich seit 1982 der Pendlerverkehr auf ein Einzugsgebiet von zehn Kilometern erweitert. Schon radeln 2.000 bis 5.000 Menschen in eine Marktstadt zur Arbeit, und die Folge sind Platzbedarf für Räder und Parkprobleme. Und mit der befristeten Wanderung von zum Beispiel jährlich 300.000 Arbeitskräften, die in Jiangsu als Bautrupps arbeiten, kommen über Einkommens- und Wissenstransfer neue Ansichten, Informationen, Moden und eine Menge Konsumgüter in die Dörfer.

Haushaltstypen und Einkommen

Die Entwicklung der ländlichen Industrie und die Spezialisierung bei der Agrarproduktion machte sich bei vielen Landbewohnern in Form einer kräftigen Steigerung des Einkommens bemerkbar. Von 1980 bis 1985 stiegen die Einkommen von 217,9 *Yuan* auf 492,6 *Yuan*, nach Abzug der Steigerung der Lebenshaltungskosten real auf 424,6 *Yuan* pro Kopf.[69] Diese 492,6 *Yuan* teilen sich in 53,5 *Yuan* nichtproduktives Einkommen und 439,1 *Yuan* produktives Einkommen; im statistischen Mittel stammten 76,6 *Yuan* (17,4%) aus ländlicher Industrie, 15,7 *Yuan* (3,6%) aus gemeinsamer Wirtschaftsführung,[70] 2,7 *Yuan* (0,6%) aus Nachbarschaftshilfe und 344,1 *Yuan* (78,4%) aus der Familienwirtschaft. Das Einkommen aus der Familienwirtschaft wird von der Untersuchungsgruppe noch einmal sektoral unterschieden; danach stammen provinzweit 272,2 *Yuan* (79,1%) aus dem primären Sektor, 24,9 *Yuan* (7,2%) aus dem sekundären Sektor und 47,0 *Yuan* (13,7%) aus dem tertiären Sektor.

Zur Minderung der regionalen Einkommensunterschiede zwischen Subei und Sunan - durchschnittlich betrug das ländliche Einkommen in Subei 1980 wie 1985 65% des Einkommens in Sunan - werden Partnerschaften zwischen einzelnen Kreisen ins Leben gerufen; einmal werden Experten zur Beratung des Aufbaus der ländlichen Industrie nach Subei geschickt, zum anderen aus dem Subei Kader zum Lernen nach Sunan geholt. Ein Blick auf die Einkommensverteilung 1985 zeigt allerdings, daß der Lebensstandard im Süden bei weitem höher ist:

Abbildung 10:[71] Einkommensstruktur in Süd- und Nordjiangsu 1985

Einkommen pro Kopf des Haushaltes	Sunan	Subei
unter 200 Yuan	0,8%	7,2%
200 - 500 Yuan	38,9%	68,0%
500 - 1000 Yuan	50,4%	23,2%
über 1000 Yuan	9,9%	1,6%

Nimmt man nun noch das Verhältnis von Arbeitskraft zu Konsument in der ländlichen Familie als Vergleich, so kann man zwar im Provinzdurchschnitt im Zeitraum zwischen 1980 und 1985 eine Abnahme der Haushaltsgröße von 4,93 auf 4,38 Personen feststellen; man wird weiterhin festhalten, daß die Zahl der Konsumenten in der Familie, die von einer Arbeitskraft ernährt wird, im gleichen Zeitraum von 1,96 auf 1,59 Personen gesunken ist. Betrachtet man aber die Haushaltsgröße in regionaler Verteilung,[72] so stellt sich heraus, daß die Haushalte im Norden im Durchschnitt um eine halbe Person größer sind. Zwar überwiegen in allen Gebieten Haushalte, in denen zwei Generationen wohnen,[73] die Einstufung der Haushalte nach ihrem Wohlfahrtsniveau zeigt jedoch, daß es eine Beziehung zwischen Armut und Familiengröße gibt. Die Untersuchungsgruppe ermittelte für 1985 in Jiangsu: Arme Haushalte mit im Durchschnitt 161,8 *Yuan* Einkommen pro Arbeitskraft - *pinkunhu*: 4,5%. In diesen Haushalten hatte eine Arbeitskraft bei einer durchschnittlichen Haushaltsgröße von 4,6 Personen mit 1,2 Kleinkindern 1,95 Konsumenten zu ernähren. Bei Haushalten, die mit durchschnittlich 365,4 *Yuan* Einkommen pro Arbeitkraft ihr Auskommen haben - *wenbaohu*: 55,4%, und wohlhabenden Familien, die pro Arbeitskraft 661,7 *Yuan* Einkommen haben - *kuanyuhu*: 34,9%, verzichtete die Untersuchungsgruppe auf eine Spezifizierung der familiären Verhältnisse. Bei gut situierten Haushalten - *xiaokanghu*: 5,2% - jedoch, die pro Arbeitskraft über 1315 *Yuan* verfügen, stellten sie fest, daß die Familie im Durchschnitt aus 3,6 Personen bei 0,45 Kleinkindern bestand, wobei jede Arbeitskraft nur 1,3 Konsumenten zu ernähren hatte.[74]

In einer Untersuchung über die Lebensqualität, die 1982 in sechzehn Bezirken durchgeführt wurde, kamen Zhou Qichang und Du Wenzhen zu folgenden Ergebnissen:[75]

Abbildung 11: Lebensqualität in Jiangsu 1982

	B	AR	LE	BPW	SR	KSR	NA
Provinz	90,23	65,37	69,49	11,07	18,47	33,56	36,38
Taicang	97,17	68,21	70,87	12,81	14,00	31,03	40,83
Kunshan	96,13	65,20	69,10	9,23	20,03	38,41	36,35
Wuxi	92,01	80,76	70,57	20,49	18,22	21,10	46,65
Wujiang	95,36	59,10	68,85	14,25	18,27	38,70	39,29
Yancheng	87,66	64,16	66,85	8,41	19,28	36,37	38,61
Sheyang	88,04	64,56	67,09	5,41	22,41	33,95	21,14
Jianhu	87,96	66,07	66,95	5,41	22,35	31,66	30,17
Dongtai	91,24	63,26	69,16	8,07	16,04	24,48	26,90
Dafeng	89,58	67,07	68,93	11,12	15,83	33,95	28,33
Funing	90,00	65,84	66,54	2,23	26,30	31,73	16,92
Xiangshui	88,19	56,89	69,89	10,06	27,01	21,44	23,57
Siyang	87,56	54,52	70,45	9,83	23,47	23,51	15,89
Gongze	86,82	51,12	68,03	12,05	17,05	41,72	23,36
Binhai	89,62	61,89	68,20	5,97	26,96	31,85	18,42
Guannan	90,31	54,25	68,70	10,46	26,13	24,27	14,36
Xuyi	89,10	50,38	67,59	13,48	21,57	34,03	18,17

Legende:
B   = Beschäftigungsgrad der arbeitsfähigen Bevölkerung Mann 15 - 59 Jahre, Frau 15 - 54 Jahre in %
AR = Alphabetenrate aller Bewohner über 12 Jahre in %
LE = Lebenserwartung (Jahre)
BPW = Steigerungsrate des Bruttoproduktionswerts pro Kopf von 1982 auf 1983 in %
SR = Sterberate in Promille
KSR = Kindersterblichkeitsrate in Promille
NA = Anteil der nichtlandwirtschaftlichen Bevölkerung an der gesamten arbeitsfähigen Bevölkerung in %

Die Entwicklung im wirtschaftlich entwickelten südlichen Jiangsu sei an den Beispielen Suzhou und Wuxi[76] betrachtet. 1986 betrug in Suzhou der Bruttoproduktionswert 14,68 Milliarden *Yuan* (gegenüber 1978 eine Steigerung um

260%), die Abgaben an den Staat stiegen auf 426 Millionen *Yuan* (gegenüber 1978 eine Steigerung um mehr als 300%), und das jährliche bäuerliche Nettoeinkommen kletterte auf durchschnittlich 840 *Yuan* (gegenüber 1978 eine Steigerung um 460%). In Wuxian ist die Entwicklung ähnlich eindrucksvoll. Die steuerlichen Mehreinnahmen ermöglichten dort unter anderem die Schaffung von Arbeitsplätzen für 180.000 überschüssige ländliche Arbeitskräfte in der Industrie, wobei für jeden neu geschaffenen Arbeitsplatz im Durchschnitt 10.000 *Yuan* aufgewandt wurden. So hat sich der Lebensstandard der Bauern in Wuxian 1986 dem der Arbeiter in Suzhou genähert.

Doch ein Blick auf einige Vergleichszahlen relativiert diese Erfolge; zwischen 1980 und 1986 stiegen die Steuerabgaben an den Staat um 357%, die Abgaben an die Gemeindeverwaltung um 347%, die Arbeitslöhne um 316% und die Investitionen in die Betriebe um 167%. Diese Tendenz drückt sich auch in der Verlagerung der Ausgabenstruktur der bäuerlichen Haushalte aus. Das Verhältnis von Investitions- zu Konsumausgaben änderte sich in Wuxian von 1 : 6,28 im Jahre 1980 auf 1 : 31,3 im Jahre 1986. Zwar hat sich vom Standpunkt der Bauern deren Lebensstandard kurzfristig bedeutend gebessert, doch die investiven Ausgaben der Gemeinden zur zukünftigen Gestaltung des Wirtschaftslebens erlebten eine Flaute. Absolut gesehen, betrugen die von der Gemeinde aufgewandten Investitionsausgaben pro Person 1986 18,55 *Yuan*, was einen Betrag von nur 2,2% des Nettoeinkommens der Gemeinde ausmacht. Darüber hinaus ist zu berücksichtigen, daß über 60% dieser Ausgaben in öffentliche Wohlfahrtsaufwendungen gingen, nur ein kleiner Teil dagegen in die Mechanisierung der Landwirtschaft oder die Pflege der Felder. Nach Einrichtung des Vertragsverantwortungssystems sind nur mehr geringe Reproduktionsinvestitionen und so gut wie keine Investitionen in den Aufbau gemeinschaftlich nutzbarer Agrareinrichtungen getätigt worden. Dieses Verhältnis drückt sich auch in anderen Vergleichszahlen aus; so betrug 1986 in Suzhou bei einem durchschnittlichen Jahresverdienst von 823 *Yuan* pro Person die Gesamtsumme der landwirtschaftlichen Aufwendungen 19,48 Millionen *Yuan*, während sie 1980 bei einem durchschnittlichen Verdienst von 167 *Yuan* noch 27,19 Millionen *Yuan* betrug.[77]

Die Neuorientierung der ländlichen Bevölkerung weg von der Landwirtschaft und hin zur Industrie belegt auch eine Untersuchung, die im März 1985 von Shen Bingyu[78] im Bezirk Suzhou durchgeführt wurde. Er untersuchte den Marktflekken - *jizhen* - Bixi und das Dorf Ouqiao.

Nach 1979 wurde zu beiden Orten eine Straße gebaut, die wegen der Nähe zu Shanghai (90 - 100 km) beiden Orten bei der Entwicklung der ländlichen Industrie zu Nutzen kam. Bixi hat, laut Volkszählung von 1982, 27.765 Einwohner; deren Einkommen erreichte vor 1970, als der Großteil der Bewohner in der Landwirtschaft arbeitete, durchschnittlich nicht 100 *Yuan* pro Jahr. 1984 arbeiten im Gegensatz zu früher 69,6% der mehr als 18.000 Arbeitskräfte in der Industrie. Die Mehrheit der Arbeitskräfte radelt morgens in die Fabrik und kehrt abends ins Dorf zurück. Die Industrie steht entweder unter der Leitung des Gemeinde - *xiang* - oder des Dorfes - *cun*.

Ouqiao ist ein kleines Dorf von 1.940 Einwohnern. Seit jeher gilt es als armes Dorf mit einfacher Wirtschaftsführung, und 1975 betrug das auf die Dorfbewohner verteilte durchschnittliche Einkommen 105 *Yuan*. 1965 wurde von der Produktionsbrigade mit acht Haushalten ein kleiner Betrieb gegründet, in dem Handschuhe gestrickt werden. Aber erst seit 1979 gibt es weitere Betriebsgründungen, so daß nunmehr der Großteil der Bevölkerung nicht mehr in der Landwirtschaft arbeitet, sondern in sieben kleinen Fabriken, einem Transportunternehmen, einem Kollektivladen und einer landwirtschaftlichen Dienstleistungsstelle.

Abbildung 12:[79] Veränderungen der Wirtschaftsstruktur in Bixi 1985

1 = Agrarwirtschaft in %
2 = Industrie in %
3 = ländlicher Nebenerwerb in %

Jahr	BPW 10.000 Yuan	1	2	3
1966	638		10,9	
1970	615		20,7	
1975	572			
1979	3.044	25,3	71,5	2,7
1980	4.446	14,4	76,4	9,2
1982	5.977	14,8	79,2	6,0
1984	10.212	10,9	82,7	6,4

In ähnlicher Weise wie die Wirtschaftsstruktur hat sich in der Folge auch die Beschäftigungsstruktur geändert; in Bixi waren 1960 92,8% Bauern, 1,1% arbeiteten in der Industrie, 6,1% in den Nebengewerben. 1970 war die Verteilung 88,4% zu 5,3% zu 6,3%; 1979 betrug sie 57,6% zu 38% zu 4,4%; 1982 betrug sie 44,8% zu 53,2% zu 2% und schließlich 1984 30,4% zu 62,3% zu 7,3%. Ähnlich verlief die Entwicklung in Ouqiao: Hier sank der Anteil der landwirtschaftlich

Abbildung 13:[80] Veränderungen der Wirtschaftsstruktur in Ouqiao 1985

1 = Agrarwirtschaft in %
2 = Industrie in %
3 = ländlicher Nebenerwerb in %

Jahr	BPW 10.000 Yuan	1	2	3
1956	29,5	94,9		5,1
1966	46,3	56,8	38,9	4,3
1979	321	15,2	72,0	12,8
1982	1.017	4,5	80,9	14,6
1984	1.820	3,6	80,0	16,4

Beschäftigten von 1950 95,3% auf 1966 86,5%, auf 1979 58,7%, auf 1982 30,8% und schließlich 1984 auf 13,8%. Im gleichen Zeitraum stieg der Anteil der industriell Beschäftigten von 8,7% 1966 auf 1979 38,8%, 1982 56% und 1984 71,2%. Der Anteil der in Nebenerwerbsverhältnissen Tätigen stieg von etwa 3% in den fünfziger und sechziger Jahren auf etwa 10% in den achtziger Jahren.[81]

Interessant ist, daß sowohl in Bixi als auch in Ouqiao die durchschnittlichen Einkommenssteigerungen pro Person im Jahr in den achtziger Jahren auf eklatante Zuwächse im Bereich der Nebengewerbe zurückzuführen sind, so daß nicht nur das durch die Landwirtschaft erzielte Einkommen prozentual zurückging, sondern seit 1982 auch das in der Industrie erzielte.

Infolge dieser Änderungen hat sich auch die Einstellung der Bevölkerung zu ihrer sozialen Lebenswelt geändert; sichtbar wird dies zum Beispiel am Ausbildungsniveau der Arbeitskräfte,[82] aber auch am Heiratsverhalten, wo die Ehepartner nun zunehmend äußern, daß die Partnerwahl von ihnen selbst ausgeht, wobei allerdings ein großer Unterschied zwischen den Äußerungen der Menschen in Bixi und in Ouqiao besteht. Während 70% der in Bixi Befragten äußerten, sie hätten ihren Partner selbst gesucht, sind es in Ouqiao nur 22%. Ähnlich ist die Struktur der Antworten auf die Frage nach der Anzahl der gewünschten Kinder. Auch die Frage nach dem Aufwand, den man für die Hochzeit betreiben soll, wird im Dorf mit mehr Enthusiasmus für eine aufwendige Feier beantwortet als im Marktflecken, wo sich die Mehrzahl für gemäßigtes Feiern ausspricht.

Abbildung 14:[83] Materieller Wohlstand in Bixi und Ouqiao bei jeweils 50 ausgesuchten Haushalten 1985

Gegenstand	Bixi	Ouqiao
Armbanduhr	137	132
Fahrrad	109	96
Radio	55	53
Uhr	51	47
elektrischer Ventilator	23	31
Nähmaschine	22	39
Fernseher	15	14
Kassettenrecorder	10	14
Fotoapparat	5	1
elektrische Waschmaschine	1	1
moderne Möbel	31	26
Sofa	14	27

Ein weiterer wesentlicher Gesichtspunkt der Veränderung der Lebensumstände ist das Verhältnis der Menschen zur Zeit und ihrer Nutzung. Auch auf dem Dorf hält jetzt die Devise "Zeit ist Geld, Zeit ist Leben" Einzug. Mehr als zwei Drittel der Befragten geben an, daß sie die Zeit voll nutzen müßten und sie häufig nicht ausreiche. Ihre Freizeit wird als erstes für Hausarbeit und Nebenerwerb genutzt, an zweiter und dritter Stelle stehen aber schon Fernsehen oder aber Lesen. Auch auf dem Dorf zeigt man sich nun über die Angelegenheiten des Staates informiert, und nicht wenige Landbewohner äußern sich befriedigt darüber, daß die Welt in Form von Fernsehbildern und Radioklängen nun auch zu ihnen gelangt.

Doch kommt die Welt nicht ohne Einfluß ins Dorf. Und dieser fließt in die Sicht, die die Generationen voneinander haben; in der Sicht der Jungen sind die Alten zu sparsam und in ihren Anschauungen zu konservativ; in der Sicht der Alten sind die Jungen zu ungeduldig und tragen unangemessene Kleidung. Positiv sehen die Jungen an den Alten, daß sie schwierige Verhältnisse gut überstehen und viele Erfahrungen haben; umgekehrt meinen die Alten von den Jungen, daß diese besser ausgebildet seien und über breitere Kenntnisse verfügten.

Doch kommt die Welt nicht nur ins Dorf, es zieht das Dorf auch zur Welt. Nun zieht das Dorf aber nicht als Ganzes in die Stadt; Gu Jirui[84] ermittelte, daß der typische Emigrant ein junger Mann mit Bildung sei und keine alte analphabetische Frau. Nach einer Stichprobenuntersuchung unterhalb des Bezirksniveaus betrug 1982 der Männeranteil 62% im Fertigungsgewerbe, 85% im Transportgewerbe und 97% beim Bau. Beim Bau waren 77% zwischen 15 und 34 Jahre und 27% zwischen 35 und 54 Jahre alt; im Transportgewerbe waren 55% zwischen 15 und 34 Jahre, 40% zwischen 35 und 54 Jahre alt; und im Fertigungsgewerbe waren 70% zwischen 15 und 34 Jahre, 27% zwischen 35 und 54 Jahre alt. Betrachtet man die Gesamtentwicklung in der Verteilung der Arbeitskräfte in Jiangsu, so gab es 1982 insgesamt 23,87 Millionen ländliche Arbeitskräfte, von denen 19,58 Millionen auf dem Acker und 4,29 Millionen in der ländlichen Industrie arbeiteten. 1983 waren es von 24,4 Millionen Menschen 19,81 Millionen, die auf dem Acker und 4,59 Millionen, die in der Industrie arbeiteten. In der geschlechtsspezifischen Verteilung überwogen die Frauen im Gegensatz zum landesweiten Verhältnis, dies beträgt 46,25 : 53,75 in der Landwirtschaft, gleich, wie sie verwaltet wird. Ist es das Dorf, so überwiegen sie mit 52,36 : 47,64, in den städtischen Vororten mit 55,92 : 44,08, in vom Bezirk verwalteten Marktstädten mit 52,60 : 47,40 und in den Bezirken mit 52,27 : 47,73.

Wenn sie aber in die Städte kommen, so bringen die Frauen eine Reihe von Verhaltensweisen mit, die aus der Sicht der städtischen Verwaltung zum Problem werden. So beobachteten die politisch Verantwortlichen in den ersten neun Monaten des Jahres 1987 in Wuxi einen Anstieg der Geburten, dessen Rate signifikant von dem erwarteten Anstieg abwich. Aus diesem Grund entschloß man sich, in sechs Gemeinden des Kreises und der Außenbezirke Wuxis eine Untersuchung zur Situation der neuvermählten Frauen durchzuführen.

Die Gesamtbevölkerung der untersuchten Gemeinden beträgt 173.070 Personen, also 5,34% der Gesamtbevölkerung des Bezirks Wuxi. In wirtschaftlicher Hinsicht handelt es sich um Gebiete mit entwickelter ländlicher Industrie, in denen die Arbeiter ein jährliches Durchschnittseinkommen von 600-900 *Yuan* erzielen. In diesen Gemeinden fanden in den ersten neun Monaten des Jahres 1987 1.832 Vermählungen statt; die regionale Herkunft der Bräute verteilt sich wie folgt: 371 Frauen waren Migrantinnen aus anderen Provinzen, aus Subei oder anderen Bezirken Sunans. Die restlichen 79,7% waren Ortsansässige.

Von den untersuchten Gemeinden liegen zwei Gemeinden im Kreis Jiangyang am Yangzi, zwei Gemeinden im Kreis Wuxi und zwei weitere im Kreis Yixing, westlich des Taihu.

Betrachtet man die Heimatprovinzen der aus anderen Provinzen hergezogenen Bräute näher, so zeigt sich, daß von den 225 Frauen 93 aus Sichuan, 40 aus Hunan, 35 aus Guizhou, 19 aus Anhui und 12 aus Guangxi stammen, während die restlichen 26 aus zehn anderen Provinzen oder provinzfreien Städten stammen. Die Frauen sind in der Hoffnung auf bessere wirtschaftliche Möglichkeiten, bessere Arbeitsplätze, angenehmeres Klima, bessere materielle Versorgung und bessere Wohnungen emigriert. Da die Frauen ursprünglich aus der Landwirtschaft kommen und nun zum überwiegenden Teil in der ländlichen Industrie arbeiten, haben sich diese Hoffnungen, vor allem da sich ihr Einkommen wesentlich erhöht hat, größtenteils erfüllt.

Untersucht wurden außerdem Bildungsniveau und Gebärverhalten aller Bräute. Der überwiegende Teil, nämlich 73,8%, hat unteren Mittelschulabschluß, Analphabetinnen sind nur 0,5%, über einen Abschluß der höheren Mittelschule verfügen 8,5% der Frauen, 17,6% haben Grundschulabschluß. Mit jeweils 56,4%, 1,8%, 4,5% und 37,3% liegt das Ausbildungsniveau der Emigrantinnen allerdings unter dem Durchschnitt.

Die gleiche Bilanz macht das Komitee für Geburtenplanung der Stadt Wuxi[85] für die Geburten bzw. Schwangerschaften aus; von den 1.832 Frauen haben 762 Frauen in den ersten neuen Monaten des Jahres 1987 bereits ein Kind geboren, 603 Frauen sind schwanger und nur 467 Frauen sind nicht schwanger.

Bedenklich stimmt die Geburtenplaner, daß zum einen von den 1.832 Frauen 166 noch gar nicht offiziell als verheiratet registriert sind, und zum anderen, daß der überwiegende Teil der Frauen vor ihrer offiziellen Eheschließung schwanger wurde und ein nicht geringer Teil vor dem offiziellen Heiratsalter heiratet oder schwanger wird. Vor allem viele der Emigrantinnen leben jenseits der Bestimmungen zu Registrierung und Geburtenplanung, und die Autoren fordern eine Reihe von Maßnahmen, um frühe Heirat und frühe Schwangerschaft zu unterbinden. Regierung, Partei, Frauenverband und Gewerkschaften seien gefordert, die Propaganda zur Bevölkerungspolitik, insbesondere zur späten Heirat und späten Schwangerschaft zu verstärken. Gegen eine kleine Zahl von Frühschwangeren sollen Kritiksitzungen und Erziehungsmaßnahmen durchgeführt werden. Den jungen Leuten soll seitens der Gesellschaft mit allen Mitteln das Beispiel der wahren ehelichen Liebe vermittelt werden, wobei gleichzeitig in der Öffentlichkeit gegen jede Form außerehelicher Liebesbeziehung vorgegangen werden muß. Besondere Maßnahmen schlägt das Komitee gegenüber den Emigrantinnen vor; zum einen sollen ihr Bewußtsein, ihr Lebenswandel und ihre Arbeitsbedingungen einer "hilfreichen Behandlung unterzogen" werden, die in geregeltem Eheleben zu enden habe, zum anderen solle man auf eine Abnahme der Migration hinarbeiten.

Shanghai

Wohnen

Wohnen in Shanghai ist für die meisten Menschen kein Vergnügen. Besonders im Zentrum, in dem der Wohnraum seit Jahrzehnten kaum saniert worden ist, sind die Wohnverhältnisse beengt. Die Wohnfläche beträgt 6 qm pro Person. Zwar werden Küche und Bad in der Statistik nicht als Wohnraum gerechnet, doch ist dies oft nur Ausdruck der Tatsache, daß die Wohnungen nicht über eigene sanitäre Anlagen verfügen. So sind in Shanghais Innenstadt ein Drittel der Haushalte ohne eigene Toilette, vier Fünftel ohne eigenes Bad, ein Viertel ohne eigene Küche, ein Fünftel ohne fließendes Wasser.[86]

Darüber hinaus liegen viele Wohnungen in unzureichender Entfernung von den Arbeitsstätten, so daß durch das hohe Verkehrsaufkommen die Belästigung durch Fabriklärm und den Dreck aus den Produktionsstätten hoch ist. In Shanghai wohnt man so dicht aufeinander, daß auf jeden Bewohner im Stadtzentrum eine Stadtfläche von nur 39 qm kommt. Mit nur 0,442 *mu* Grünfläche pro Bewohner ist wenig Erholung im Stadtbereich möglich, und der soziale Streß durch das enge Aufeinanderhocken hat vielfache Auswirkungen auf die Gesundheit. Shanghais altes Stadtgebiet hat eine Größe von 230 qkm; das jetzige Stadtgebiet hat eine Fläche von 349 qkm; darauf wohnen nach der Statistik von 1984 11,94 Millionen Einwohner, 6,92 Millionen davon haben eine Registrierung als städtische Einwohner, die anderen sind als Landbewohner registriert; im alten Stadtgebiet wohnen 6,10 Millionen Einwohner; die Bevölkerungsdichte beträgt 19.828 Personen/qkm, in Stadtbezirk Jingan bis zu 66.330 Einwohner/qkm[87] Mittlerweile liegen die Ergebnisse der vierten Volkszählung vom 1.Juli 1990 vor. Danach leben in Shanghai 13,34 Millionen Menschen; 5,13 Millionen von ihnen leben in den Shanghai unterstellten Kreisen.[88]

Die Innenstadtbezirke weisen folgende Struktur auf:[89]

Abbildung 15: Bevölkerungsdichte Shanghais 1986

Bezirk	Straßen	Fläche qkm	Bewohner	Bewohner/qkm
Huangpu	6	2,45	328.800	134.200
Nanshi	7	3,24	397.400	122.700
Zhabei	4	1,44	163.100	113.300
Luwan	5	2,40	262.200	109.200
Hongkou	5	3,04	295.700	97.300
Jingan	3	1,85	179.000	96.800

Betrachtet man die Situation anhand der Zahlen von 1984 genauer, so gibt es 30 Straßen mit einer Bevölkerungsdichte von über 80.000 Personen pro qkm (deren Fäche 14,42 qkm = 10% der Gesamtfläche ist), in denen 1,63 Millionen Bewohner (= 25% der Bewohner des Stadtzentrums) wohnen.

Diese Bezirke liegen ausschließlich in den älteren Stadtvierteln, die in ihrer Bauweise noch die soziale Zusammensetzung vor 1949 widerspiegeln, diesen Charakter aber durch die sozialistische Umgestaltung zum Teil eingebüßt haben. So setzte sich 1945 die Bevölkerung etwa wie folgt zusammen:[90]

Abbildung 16: Bevölkerungsstruktur ausgewählter Bezirke Shanghais vor 1949

Bezirk Huangpu:	Handel	67,0%
	Handwerk	6,8%
	Industrie	2,5%
	Verkehr	2,9%
Bezirk Jingan:	Handel	30,1%
	Handwerk	11,3%
	Industrie	20,1%
	Verkehr	6,5%
Bezirk Zhabei:	Handel	33,0%
	Handwerk	15,0%
	Industrie	17,4%
	Verkehr	25,1%

Auch in anderen Bezirken war die Bevölkerung ähnlich verteilt. Erst in den fünfziger Jahren wurden die Händler und Handwerker im Zuge verschiedener Kollektivierungsmaßnahmen mehr und mehr in den industriellen Arbeitsprozeß eingegliedert.

Verkehr

Massen prägen auch den Verkehr: Es existieren 110.000 motorgetriebene Fahrzeuge sowie 3,4 Millionen unmotorisierte Fahrzeuge. Doch während sich die Zahl der Fahrzeuge gegenüber 1949 mehr als verzehnfacht hat, hat sich das Straßennetz nur um das Anderthalbfache vermehrt. Gegenwärtig gibt es 1.877

Straßen mit einer Gesamtlänge von 3.096 Kilometern; davon liegen mehr als 1.600 Straßen mit einer Länge von etwa 1.100 km im Stadtgebiet. Pro Person gibt es nur 2,1 qm Straße, pro Fahrzeug 26,1 qm, auf den Kilometer Straße kommen 506,6 Wagen.

1985 betrug das Fahrgastaufkommen des öffentlichen Nahverkehrs 5,01 Milliarden Fahrgäste; das bedeutet, daß täglich durchschnittlich 13,73 Millionen Menschen mit den Bussen unterwegs sind. Eine andere Untersuchung kommt zu folgenden Ergebnissen: Im öffentlichen Nahverkehr gibt es 4.762 Busse, 4.555,58 Millionen Fahrgäste im Jahr, 14,4 Millionen Fahrgäste an Spitzentagen, 3.067 Fahrgäste pro Bus pro Tag, wobei sich zu Stoßzeiten zwölf bis vierzehn Fahrgäste den Quadratmeter teilen müssen. Im Stadtzentrum ballt sich der Verkehr: 7,2 Millionen Fahrgäste pro Tag (= 61% des Gesamtaufkommens), davon haben 65% Monatskarten. Zugleich ist das Zentrum für 54% des Güterverkehrs Ausgangs- oder Zielpunkt. In der Innenstadt beträgt die tatsächliche Geschwindigkeit der Fahrzeuge zu Stoßzeiten drei bis vier km/h. Dazu kommt noch die Überlastung der Straßen im Hafen und der Ausfallstraßen nach Zhejiang und Jiangsu (z.B. täglich 7.314 Wagen auf der Ausfallstraße nach Jiading).[91]

Aber auch die Fußgänger haben es schwer; auf einem 1,5 Kilometer langen Stück der Nanjing-Straße wurden an einem normalen Tag innerhalb von zehn Stunden 1,1 Millionen Fußgänger gezählt, an Sonntagen sind es mehr.

Abbildung 17:[92]   Verkehrsmittelnutzung in Shanghai 1986

Wohngebiet	Bus	Fahrrad	zu Fuß	tägl. Busfahrten
östl. Flußufer	61,2%	13,7%	25,1%	2,72 pro Person
westl. neu	52,2%	11,7%	36,1%	2,02 pro Person
westl. alt	35,5%	15,8%	48,9%	1,18 pro Person

Dazu kommen Pendler, die zwar in den Außenbezirken arbeiten, aber in der Innenstadt wohnen. So muß z. B. die Shanghaier Turbinenfabrik für 2.137 ihrer 7.392 Arbeiter bei einem Gesamtgewinn von knapp 20 Millionen *Yuan* jährlich 2 Millionen *Yuan* an Fahrtkosten aufbringen. 1.200 dieser Arbeiter sind täglich mehr als drei Stunden auf dem Weg zur Arbeit und zurück. Von den 566 städtischen Betrieben gibt es 102 mit mehr als tausend Beschäftigten, von denen viele nicht in zur Fabrik gehörigen Wohnungen wohnen und so gezwungen sind, zu ihren Arbeitsplätzen zu pendeln, indem sie öffentliche Verkehrsmittel benutzen. Konkret weist die Statistik 1982 in den zwölf Bezirken 391.800 Arbeitskräfte aus, von denen mehr als 195.000 täglich zum Arbeitsplatz fahren müssen. Gemäß einer Aufstellung einer Shanghaier Firma für Nahverkehr und Mietwagen gibt es 1983 in den Vororten mehr als 50 städtische Firmen, die nicht über eigene Transportmittel verfügen und ganzjährig 135 Verkehrsmittel bei ihr mieten, um den Pendelverkehr, der sich jährlich auf 3,416 Millionen Personen beläuft, abzuwickeln. Die Kosten für diesen Transport betragen jährlich mehr als 5 Millionen *Yuan*.

Aus den ländlichen Bezirken kommen jeden Tag weitere drei Millionen Fahrgäste.[93] Die ohnehin knappen Straßen werden in ihrem Gebrauch für den Verkehr durch Märkte weiter eingeschränkt; gemäß der Statistik gibt es 617 Straßengemüsemärkte, 125 Warenmärkte und 117 Parkplätze, die zusammen mit anderen gelegentlichen Verkaufsständen 7,7% der Straßenfläche einnehmen.[94] Doch die knapp sieben Millionen ständigen Bewohner der Stadtbezirke Shanghais müssen ja täglich mit Nahrungsmitteln versorgt werden und verbrauchen an einem Tag 150 Tonnen Schweinefleisch, 350 Tonnen Eier und Geflügel, 3.500 Tonnen Getreide und 70.000 *dan* Gemüse (1 *dan* = 50 kg).[95] Für die Versorgung sind täglich 3.000 Traktoren unterwegs, und zum Abtransport des täglichen Mülls werden mindestens 180 Viertonner Lastwagen gebraucht, die bis zu zwanzig Touren fahren. Solange das Versorgungsnetz im Handel und bei den Dienstleistungen wie gegenwärtig auf Geschäften und Läden in kleinen Straßen und Gassen beruht, wird der Zeitaufwand für die alltägliche Versorgung seitens der Bevölkerung hoch bleiben.

Stadtentwicklung

Seit 1949 befolgt man in Shanghai die Strategie "Schrittweise die Altstadt erneuern, streng den Entwicklungsrahmen der industriellen Vororte kontrollieren, planvoll Satellitenstädte aufbauen". Unter dieser Parole sind im Grüngürtel der Stadt seit den fünfziger Jahren mit Minhang, Wusong, Wujing, Jiading, Anting, Songjiang und Jinshan sieben Satellitenstädte und mit Gaoqiao, Changqiao, Wujiaochang, Caoheijng und Taopu fünf industrielle Vororte errichtet worden. Jede Satellitenstadt ist von spezieller Industrieansiedlung geprägt, wobei im allgemeinen Großbetriebe der Chemie, der Metall- und Stahlindustrie, des Fahrzeugbaus und anderer Schwerindustrie vorherrschen.

Nach einer Statistik des Jahres 1983 existieren in den zwölf Gebieten 566 Industriebetriebe - 33,8% mehr als 1978 -, deren Bruttoproduktionswert gegenüber 1978 um 36,9% auf 11,6 Milliarden *Yuan* angewachsen ist. Im nationalen Maßstab ist die Produktivität der Betriebe in diesen Gebieten hoch; sie wird mit 28.200 *Yuan* Produktionswert pro Arbeitskraft pro Jahr angegeben.[96]

In den Satellitenstädten und Vororten wurden siebzig neue Siedlungen auf knapp 4 Millionen qm errichtet, in denen 69.600 Haushalte wohnen. Zur Entwicklung der städtischen Infrastruktur ist in diesen Gebieten einiges getan worden; so existieren zehn Hoch- und Fachschulen, 113 Grund- und Mittelschulen mit mehr als 68.000 Schülern sowie zwanzig wissenschaftliche Einrichtungen. Man errichtete 43 Krankenhäuser (incl. Straßenambulanzen) mit insgesamt 3.216 Betten, so daß auf tausend Bewohner 5,74 Betten kommen. Im tertiären Bereich existiert ein Netz von 1.234 Läden, 254 Restaurants sowie 319 Einwohnerdienstleistungsstellen und Fisch-, Fleisch-, Gemüse-, Eier- und Geflügelmärkte. Darüber hinaus gibt es Banken, Postämter, Buchläden, Pensionen, Fotoateliers, Friseure und andere Dienste des alltäglichen Lebens. Auch Schwimmbäder, Kinos, Sportplätze, Parks und andere Sport- und Kulturstätten wurden errichtet.

Dennoch gibt es eine ganze Reihe von Problemen; da ist besonders die ungleiche Verteilung der Geschlechter in den Satellitenstädten zu nennen. Hier kommen 113,84 Männer auf 100 Frauen; teilweise liegt diese ungleiche Verteilung sogar, wie in Wujing und Jinshan, mit 146,90 : 100 bzw. 138,28 : 100 noch höher. In der gesamten Stadt dagegen kommen 99,30 Männer auf 100 Frauen, wobei auffällt, daß dieses Übergewicht auf Frauen ländlicher Herkunft zurückzuführen ist, denn in den Stadtbezirken kommen 102,80 Männer auf 100 Frauen; bei der Arbeitsbevölkerung beträgt das Verhältnis insgesamt 127,40 : 100.[97] Diese ungleiche Verteilung ist auf die geschlechtsspezifische Arbeitsteilung zurückzuführen, die ihrerseits Ergebnis der monotonen Gewerbestruktur der Satellitenstädte ist. Denn diese wurden nach gesamtgesellschaftlichen Erfordernissen geplant und errichtet, wobei politische Verteilungs- und Entwicklungskriterien über die Standortfrage entschieden und folglich auf eine ausgewogene Infrastruktur meist nicht geachtet wurde.

Infolge unterschiedlicher Registrierung unterscheiden sich Versorgung und Entlohnung in der Stadt und in den Satellitenstädten; deshalb erscheinen die Satellitenstädte in den Augen der Bevölkerung als nicht sehr beliebt. Laut einer Befragung der Beschäftigten der Chemiefabrik in Jinshan aus dem Jahre 1982 waren 25,8% der Befragten mit der Gesamtsituation in Fabrik und Wohnbezirk unzufrieden; 45% zeigten sich mit den Lebensbedingungen, 82,4% mit der Verkehrsanbindung, 72% mit dem kulturellen Angebot unzufrieden; 81,6% klagten über das Kantinenessen, 74,1% äußerten ihren Unmut über die Lebensmittelversorgung, und 63,4% beschwerten sich über die Alltagsdienstleistungen. Und die Bediensteten von Zigarettenläden und Gaststätten beobachteten, daß der Umsatzes ihrer Läden erheblich hinter dem vergleichbarer Läden in der Stadt zurückliegt; auch das Kino spielt häufig in halbvollen Sälen. Denn viele Anwohner ziehen es vor, ihre spärliche Freizeit im Stadtzentrum zu verbringen.[98]

In den Augen der Bevölkerung sind die Satellitenstädte unbeliebt, doch bleibt Wu Li zuzustimmen, wenn er im Zusammenhang mit der Stadtplanung in Shanghai von den "Blähungen"[99] der Innenstadtgebiete spricht, die noch verstärkt würden, wenn zunehmend Arbeitskräfte in die Stadt strömten und die Stadtregierung nicht versuchen würde, die Außenbezirke zu entwickeln. Von 1977 bis 1982 hatte Shanghai neben der normalen Aufnahme von Arbeitskräften nach dem Schulabschluß (= 1.000.000 Absolventen) auch noch 500.000 von der Landverschickung in die Stadt zurückströmende Jugendliche in Arbeit zu bringen. Zwischen 1977 und 1982 wurde seitens der Stadtregierung und der Partei 1.563.000 Personen Arbeit zugewiesen. Yang Shu und Hu Yanzhao[100] sprechen für Ende 1984 von offiziell noch 10.000 Arbeitslosen. Für das Ausbildungsniveau der Beschäftigten 1984 geben sie an gleicher Stelle an: Hochschulabschluß 5,92%, Mittelschulabschluß 80,21%, Grundschulabschluß 12,20% und Analphabeten 1,48%.[101] Die Arbeitskräfte verteilen sich 1984[102] zu 20,7% auf den primären, zu 54,3% auf den sekundären und zu 25,0% auf den tertiären Sektor.

Erwerbsstruktur

Gemäß eines Berichtes der Nachrichtenagentur "Neues China" vom 8.9.1984 erwirtschaftete Shanghai seit 1949 ein Sechstel des Nationaleinkommens der VR China. Eine Untersuchung vom Oktober 1983, die von der Stadtregierung Shanghais zur Schätzung des Personalbedarfs durchgeführt wurde, ergab für Shanghai einen Bestand von 255.000 Fachkräften mit Fachschul- oder technischer Qualifikation im Wirtschaftsbereich. Diese Fachkräfte verteilten sich wie folgt:[103]

Abbildung 18:   Fachkräfteverteilung in Shanghai 1983

Industrieverwaltung:	97.534 Personen	(=38,2%)
andere Wirtschaftsverwaltung:	59.989 Personen	(=23,5%)
Finanzverwaltung, Buchführung:	38.858 Personen	(=15,2%)
Banken u. Versicherungen:	9.946 Personen	(= 3,9%)
Außenhandel, Zoll:	6.118 Personen	(= 2,4%)
Plan, Statistik:	14.412 Personen	(= 5,6%)
Handel:	9.520 Personen	(= 3,6%)
andere:	19.329 Personen	(= 7,6%)

Im internationalen Vergleich ist der Anteil des qualifizierten Personals an der Gesamtarbeitskraft gering, gegenüber fortgeschrittenen Industrienationen beträgt der Rückstand 50-70%. Im einzelnen zählen 1983 5,3% der Gesamtarbeitskraft zu auf Wirtschaftsverwaltung spezialisierten Arbeitskräften; davon sind 1,1% in der Buchführung und Statistik, 0,2% im Finanzwesen und 2,9% im Management beschäftigt. Zudem ist der Ausbildungsstand des Fachpersonals niedrig. Nur etwa 50% des technischen Personals hatte 1983 einen Fach- oder Mittelschulabschluß. Der Anteil der Hochschulabsolventen am Personal der Wirtschaftsverwaltung beträgt nur 6,8%, der mit Fachhochschulabschluß 9,1%, der mit Fachschulabschluß 12,1%, der mit oberem Mittelschulabschluß 22,7%, mit unterem Mittelschulabschluß und darunter dagegen 49,3%. Auch der Altersaufbau des Verwaltungspersonals ist ungünstig:[104]

Abbildung 19: Altersaufbau des Verwaltungspersonals in Shanghai 1983

	< 25 Jahre	=>	6,5%
26 -	30 Jahre	=>	7,9%
31 -	35 Jahre	=>	11,0%
36 -	40 Jahre	=>	14,7%
41 -	45 Jahre	=>	11,2%
46 -	50 Jahre	=>	17,5%
51 -	55 Jahre	=>	18,5%
56 -	60 Jahre	=>	10,8%
61 -	65 Jahre	=>	1,7%
	> 66 Jahre	=>	0,3%

Ende 1987 betrug der Durchschnittslohn eines Industriearbeiters in Shanghai in staatseigenen Betrieben 1.500 *Yuan* pro Jahr, davon waren zwei Drittel Lohn und ein Drittel Prämien; ein Fabrikchef beklagt sich darüber, daß die Arbeiter meinten, daß die Prämien aus betriebsfremden Geldern finanziert würden und deshalb den Betrieb nicht belasteten; ein Parteisekretär einer anderen Firma pflichtet ihm bei, indem er einen gerade aktuellen Slogan unter den Arbeitern kolportiert. "Der Parteisekretär erläutert die Theorie, der Firmenchef sorgt für die Verbindungen zwischen Betrieb, Lieferanten und Kunden, die Arbeiter machen sich einen schönen Tag, fürs Leben sorgen die Verwandten auf dem Land, die Prämie kommt auf alle Fälle."[105] Zudem werden mangelnde Arbeitsdisziplin, Arbeitsunlust, Müßiggang während der Arbeitszeit, Zuspätkommen und ähnliches bemängelt, vor allem bei der jungen Generation, die nicht mehr den Enthusiasmus der Arbeiter der fünfziger Jahre zeige. Zu jener Zeit sei ein Industriearbeiter in der Metallindustrie noch ein angesehener Mensch gewesen, das sei nun nicht mehr so.

Der Parteisekretär der Baoshan-Stahlwerke beklagt, daß die firmeneigenen Busse, die die Arbeiter vom Stahlwerk ins Zentrum bringen, auch von den Anwohnern in Baoshan beansprucht werden. Zudem gebe es bei vielen anderen

Einheiten die Ansicht, Baoshan sei ein großes Werk und als solches den anderen Einheiten der Stadt zu Dienstleistungen verpflichtet, vor allem, was die Bereitstellung des firmeneigenen Fuhrparks angeht. Allgemein äußere die Gesellschaft gegenüber Baoshan immer wieder die Ansicht, Baoshan sei ihnen zu Dienstleistungen verpflichtet, und sie beklagen sich, wenn Baoshan diesen "Wünschen" nicht nachkommt.

Diese Versorgungsmentalität stellte auch Shen Yizhen[106] fest, als er 50 große und mittlere Betriebe in Shanghai untersuchte. Er unterschied vier Arten von Belastungen:

1) aufgrund staatlicher Verwaltungsverordnungen zugeteilte Belastungen
2) von der Gesellschaft schwer zu tragende und deshalb auf die Betriebe abgewälzte Belastungen
3) von der Gesellschaft, Kollektiven und Organisationen erbetene Belastungen
4) von ungesunden Tendenzen in der Gesellschaft beeinflußte Belastungen.

Die ersten beiden Arten sind offiziell, politisch und verordnet, die anderen beiden sind gelegentlich und vom jeweiligen Verhalten in der *danwei* geprägt.

Inhaltlich macht Shen Yizhen folgende Unterschiede:

1) Allgemeine gesellschaftliche Wohlfahrtsversorgung; dazu zählen Subventionen für Lebensmittel, der Bau von Wohnungen, die Errichtung und der Unterhalt von Kindergärten, die betriebsinterne Erziehung und anderes. Des weiteren lastet die Versorgung der Rentner auf den Unternehmen; nimmt man einige Shanghaier Textilfabriken als Beispiel, so beträgt der Anteil der Rentner am Gesamtpersonal 40%, so daß bei 90 *Yuan* Rente pro Person und Monat die Belastung durch die Altersversorgung jährlich 4,2 Millionen *Yuan* beträgt, was 26% des Gewinns ausmacht. Auch die Kosten für die Krankenversorgung schlagen ins Gewicht.

2) Kosten für einen Fonds für gesellschaftliche Aktivitäten; als Beispiel dienen hier die Ausgaben einer Shanghaier Stahlfabrik im zweiten Halbjahr 1984; für Kino, Theater, Oper, diverse Feiern wurden insgesamt 38.000 *Yuan* ausgegeben.

3) Dazu diverse Kosten, die sich aus der Wirtschaftsreform ergeben und als Beiträge für die Errichtung diverser Zentren geleistet werden, als da wären Technologiezentrum, Krankenhaus, Frauen- und Kinder-Dienstleistungszentrum etc.

Mobilitäts- und Migrationsformen

Daß diese Vergünstigungen auf die ländliche Bevölkerung anziehend wirken, ist selbstverständlich; und daß Shanghai selbst dann anziehend wirkt, wenn diese Vergünstigungen nicht erreichbar sind, kann nicht verwundern. Deshalb begann man seitens der Registrierbehörden in Shanghai Mitte der achtziger Jahre mit der Untersuchung der "nicht ansässigen Bevölkerung". Anlaß dazu gab vermutlich die Volkszählung 1982, aus der sich, gemessen an Gesamtbevölkerung, folgende Einwanderersituation ergab:

Abbildung 20:[107] Zu- und Abwanderungsquote der "nicht ansässigen Bevölkerung" an Shanghais Gesamtbevölkerung 1982

Shanghai Stadt	1,106%
Stadtbezirke	2,064%
Außenbezirke	0,012%
davon:	
Gemeinde	1,066%
Volkskommune	- 0,128%

Zwischen 1984 und 1986 wurden drei Untersuchungen über die Situation der Wanderbevölkerung in Shanghai durchgeführt. Dabei stellte sich heraus, daß ihr Anteil an der Stadtbevölkerung bedeutsamer ist, als die Stadtverwaltung noch 1982 annahm. In Zusammenarbeit mit der Registrierverwaltung der Stadt Shanghai wurde seitens des Bevölkerungsinstitutes der Fudan-Universität am 10. August 1984 die erste vierundzwanzigstündige Untersuchung durchgeführt. Dabei wurde die nicht ansässige Bevölkerung strukturell wie folgt unterschieden: wohnhaft in städtischen Haushalten, in kollektiven Haushalten, in Hotels und Herbergen, Gästehäusern, auf Schiffen; außerdem andere, die in Vororten wohnen oder nicht unter die genannten Kategorien fallen. Festgestellt wurden am Stichtag mehr als 590.000 nicht ansässige Personen. Nicht eingeschlossen sind in diese Zahl die Soldaten der drei Waffengattungen, die Schüler und Studenten der Hoch- und Mittelschulen sowie die aus Zhejiang, Jiangsu und anderen Provinzen nur für einen Tag in die Stadt gereisten Personen. Die in städtischen Haushalten wohnende, aber nicht ansässige Bevölkerung besteht aus insgesamt 338.000 Menschen; bei ihnen wurden 13 Hauptgründe für ihre Anwesenheit in Shanghai festgestellt, deren wichtigste sind:

Abbildung 21:[108] Gründe für die Anwesenheit "nicht ansässiger Bevölkerung" in Shanghai 1984

Gesundheitsversorgung:	140.600 Personen	(=41,60%)
Kinderversorgung:	84.400 Personen	(=24,97%)
Besuch bei Freunden/Verwandten:	42.900 Personen	(=12,70%)
Haushaltsgehilfin:	9.000 Personen	(= 2,67%)
Baugewerbe, Handwerk, Handel:	13.400 Personen	(= 3,98%)

Wie oben bereits erwähnt, wurde mit Jahreswechsel 1984/85 das Stadtgebiet Shanghais mittels einer Gebietsreform von 232 qkm auf 340 qkm erweitert, und gleichzeitig stieg die Zahl der Einwohnerkomitees von 1.540 auf 2.954.

Deshalb kalkulierte das Bevölkerungsinstitut die Zahl der nicht ansässigen Bevölkerung für 1984, die neuen Bedingungen zugrundelegend, nunmehr auf ungefähr 750.000 Personen.

Am 12.9.1985 wurde mit Unterstützung der Shanghaier Regierung eine neue vierundzwanzigstündige Untersuchung durchgeführt. Dabei wurden folgende Ergebnisse erzielt:[109]

Bei Einwohnern oder Kollektiven wohnende nicht ansässige Bevölkerung:
    1984:   ungefähr 400.000,
    1985:   511.383 Personen.

In Hotels, Gästehäusern, Krankenhäusern wohnende nicht ansässige Bevölkerung:
    1984:   ungefähr 130.000 Personen,
    1985:   268.409 Personen;

davon:
in öffentlich zugänglichen Hotels, Gästehäusern:	134.036 Personen
in Hotels der gehobenen Klasse:	7.586 Personen
in Verwahranstalten:	3.045 Personen
in Krankenhäusern, Sanitätsstationen:	10.717 Personen
in Fabrikgästehäusern:	85.995 Personen
in Armeegästehäusern:	8.230 Personen.

Auf Booten, Schiffen wohnende nicht ansässige Bevölkerung:
1984:	insg. ungefähr:	20.000 Personen
1985:	Huangpufluß:	7.500 Personen
	Suzhoufluß:	47.500 Personen
	Binnen-, Außenhafen:	16.425 Personen
	insgesamt:	71.425 Personen;

andere:
1984: 79.000 Personen
1985: 254.200 Personen.

Zu "andere" zählt vor allem die sprunghaft angestiegene Zahl der Zeit- und Kontraktarbeiter (240.000 Personen) sowie Bauern auf Märkten (4.450 Personen) und Ausländer (1.345 Personen). Zusammen ergeben sich für den Stichtag: 1.105.417 Personen.

Im August 1986 wurde die dritte Untersuchung durchgeführt; trotz eines starken Taifuns wurden 1,1 Millionen nichtansässige Personen gezählt. Danach gingen bereits 45,92% der Erfaßten einer wirtschaftlichen Aktivität nach, obwohl Besuche, ärztliche Versorgung und Tourismus immer noch häufig genannte Gründe für die Anwesenheit in Shanghai waren. Von den 45,92% trieben 5,24% Handel, 8,86% waren Handwerker, 10,78% waren als Firmeneinkäufer unterwegs, 19,05% arbeiteten auf dem Bau und 1,57% waren Hausbedienstete.[110] Der Volkszählung vom 1.Juli 1990 kann man folgende generelle Angaben über die Bevölkerungsbewegungen entnehmen; von den registrierten 13,34 Millionen Einwohnern in Shanghai macht die Wohnbevölkerung, d.h. die ständig in einem registrierten Shanghaier Haushalt lebende und sich dort ständig aufhaltende Bevölkerung - 12,67 Millionen (= 94,98%) - aus; 543.231 Personen (= 3,67%) zählen zu denjenigen, die sich seit mehr als einem Jahr in Shanghai aufhalten, ihren registrierten Wohnsitz aber anderswo haben; 53.368 Personen (= 0,4%) zählen zu denjenigen, die seit weniger als einem Jahr in Shanghai wohnen, ihren registrierten Wohnsitz aber anderswo haben; schließlich wurden 59.588 Personen (= 0,45%) festgestellt, die ihren ständigen Wohnsitz schon seit mehr als einem Jahr verlassen und zum Zeitpunkt der Volkszählung keinen festen Wohnsitz haben.[111]

Die Vorstellung, die die Politik leitet, ist, daß die Arbeitskräfte zwar sektoral mobil sein sollen, damit sie aus der landwirtschaftlichen Tätigkeit heraus in die Industrie wechseln können, daß sie aber zugleich ortstreu bleiben sollen. Denn regionale Migration hieße für die Städte mechanisches Bevölkerungswachstum, und das Bevölkerungswachstum der Städte soll allgemein weiterhin kontrollierend eingeschränkt werden. Für Shanghai hat die Partei die Vorstellung, daß ein Teil der Bevölkerung aus dem übervölkerten Zentrum hinaus in die Satellitenstädte ziehen soll, doch macht sich inzwischen eine gewisse Ernüchterung breit, denn die Bewohner zeigen wenig Bereitschaft, in diese neuen Außenbezirke zu ziehen, weil sie sozial und kulturell wenig attraktiv sind.[112]

1983 gab es in den Außenbezirken der Stadt 867.000 Beschäftigte in der Industrie, die ursprünglich in der Landwirtschaft beschäftigt waren. Die Arbeitskräfte verteilten sich wie folgt:

Abbildung 22:[113] Arbeitskräfteverteilung in Gemeinden oberhalb (a) und unterhalb (b) der Ebene der Marktflecken

Gebiet	Anzahl	(a) %	(b) %
Kommunen und Marktflecken:	292.000	85	34
andere Gemeinden:	52.000	15	6
zusammen:	344.000	100	40
natürliche Dörfer:	523.000		60

Was die Verteilung von industrieller Tätigkeit innerhalb der ehemaligen Volkskommunen betrifft, so läßt sich ein Wandel in der Betriebsführung feststellen. Gab es 1970 noch ein Verhältnis von 7.294 Beschäftigten in Betrieben, die von der Kommune geführt wurden, zu 6.072 Beschäftigten in Betrieben, die von Produktionsteams geführt wurden, so hat sich dieses Verhältnis 1983 umgekehrt. Nunmehr arbeiten 37.135 Beschäftigte in Kommunebetrieben, 56.495 Beschäftigte in Produktionsteambetrieben.[114] Diese Betriebe sind klein, mit wenig Kapital ausgestattet und auf schnelle Resultate aus. Deshalb erscheinen sie Wang Guixin als von ihrer Struktur her nicht gut geeignet, die überschüssigen ländlichen Arbeitskräfte langfristig zu binden und so die Land-Stadt-Wanderung zu unterbinden. Gemäß der Statistik des Jahres 1983 leben und arbeiten als Bauern in den 166 Kommunen 296.000 Menschen, dazu kommen 503.000 Menschen, die in verschiedenen Betrieben als pendelnde Arbeiter tätig sind.

1983 hat man in den Außenbezirken Shanghais mit dem Vertragsverantwortungssystem in der Landwirtschaft angefangen. Seit dieser Zeit nahm einerseits der Anteil der Bevölkerung, der ins Arbeitsalter eintritt, ab, andererseits schichtete sich das Geschlechterverhältnis der Gesamtarbeitskraft auf dem Land um. So wurde es in den ländlichen Bezirken Shanghais allgemeine Tendenz, daß

1) jüngere männliche Arbeitskräfte in Industrie oder Nebengewerbe wandern;
2) jüngere weibliche Arbeitskräfte in die ländliche Industrie wandern;
3) verbleibende ältere Arbeitskräfte und Frauen die Landwirtschaft betreiben.

Daraus resultiert - trotz Betriebsferien -, in denen die jüngeren Arbeiter kurzfristig aufs Land zurückkehren, in den ländlichen Regionen zur Erntesaison: Feldbewirtschaftung, Hacken, Jäten, Düngen; Schädlingsbekämpfung lastet auf den Schultern der Alten; allgemein wird keine Instandhaltung der Bewässerungsanlagen und kein Neubau derselben betrieben; darüber hinaus wächst das Problem, daß ältere Bauern ihr Vertragsfeld abgeben wollen, jüngere aber nicht mehr an der Landwirtschaft interessiert sind. Resultat: nur 21,36% der Brigaden haben mehr Leute als Land, 78,64% haben mehr Land als Leute.[115]

Während des sechsten Fünf-Jahr-Planes (1981-85) veränderte sich die Zusammensetzung der arbeitenden Bevölkerung in den ländlichen Gebieten Shanghais zunehmend; immer mehr Arbeitskräfte wechselten aus der Landwirtschaft in andere Arbeitsverhältnisse.

Abbildung 23:[116] Sektorale Zusammensetzung der Arbeitskräfte in den ländlichen Gebieten Shanghais - Angaben in %

	1980	1981	1982	1983	1984	1985
Primärer Sektor	63,78	60,65	58,51	54,57	46,98	39,59
Sekundärer Sektor	26,29	28,48	30,10	34,19	40,63	46,33
Tertiärer Sektor	9,93	10,87	11,39	11,24	12,39	14,08

In diesem Zeitraum ging in den ländlichen Bezirken Shanghais der Anteil der im primären Sektor beschäftigten Arbeitskräfte um 736.000 Menschen zurück; zugleich stieg der Anteil im sekundären Sektor um 502.000 Menschen und im tertiären Sektor um 97.000 Menschen. Betrachtet man die haushaltsinterne Verteilung der Arbeitskräfte, so fällt auf, daß die Anzahl der Arbeitskräfte pro ländlichem Haushalt zurückging, und zwar von 2,83 Arbeitskräfte auf 2,68 Arbeitskräfte pro Haushalt; und immer mehr Mitglieder der ländlichen Haushalte gingen in die Industrie: Ihr Anteil stieg von 1,02 Personen auf 1,58 Personen pro Haushalt. Diese sektorale Mobilität der Arbeitskräfte hatte im übrigen starke Auswirkungen auf das Haushaltseinkommen. Je nach Haushaltstyp unterscheidet es sich immer stärker. Bei einem reinen Bauernhaushalt beträgt das Nettohaushaltseinkommen 1.885,89 *Yuan* im Jahr; pro Arbeitskraft sind dies 520,55 *Yuan*, wobei im Durchschnitt auf eine Arbeitskraft 1,58 Konsumenten kommen. Bei ländlichen Haushalten mit einem Mitglied, das in der Industrie arbeitet, beträgt das Nettohaushaltseinkommen 2.744,39 *Yuan*; jede Arbeitskraft verdient im Durchschnitt 711 *Yuan* und muß 1,60 Konsumenten ernähren. Haushalte mit zwei Mitgliedern, die in der Industrie arbeiten, haben ein Jahreseinkommen von 3.385,32 *Yuan*; pro Arbeitskraft, die 1,41 Personen ernähren muß, beträgt der Verdienst 778,39 *Yuan*. Und bei Haushalten mit mehr als zwei industriell Beschäftigten beträgt das Einkommen 3.811,15 *Yuan*; bei einem Einkommen von 789,88 *Yuan* muß jede Arbeitskraft 1,18 Personen ernähren.[117]

Zwar sind die Arbeitsbedingungen und die soziale Sicherheit speziell für Frauen in der ländlichen Industrie schlecht; eine Stichprobenuntersuchung[118] in Jiading hat ergeben, daß die Frauen in der überwiegenden Anzahl in Betrieben arbeiten, die technologisch schlechter ausgestattet sind und gesundheitsschädlichere Arbeitsbedingungen haben; die untersuchten Betriebe verfügen größtenteils nur über Maschinen, die Betriebe in der Stadt bereits ausgemustert haben. In den untersuchten Betrieben beträgt der Frauenanteil an der Gesamtarbeitskraft 54%. Die Betriebsführer der in Jiading untersuchten Betriebe beachten weder den Schutz der Umwelt noch der Gesundheit, die Hygienebedingungen sind mangelhaft, nur 17,9% haben eigene Toiletten, gar nur 8,4% haben nach Geschlechtern getrennte Waschräume, nur 3% haben eigene Toiletten für Frauen.

Doch trotz dieser Arbeitsbedingungen scheuen die möglichen Arbeiterinnen und Arbeiter nicht vor dem Weg in die Industrie zurück. Was sich jedoch im Laufe der achtziger Jahre für die ländliche Bevölkerung Shanghais geändert hat, sind die Gründe und mit ihnen die Ausprägung, die Mobilität und Migration genommen haben. 1985 gaben bei einer Befragung 65,34% an, sie hätten die Landwirtschaft wegen des niedrigen Einkommens verlassen, 20,42% gaben die schlechten Arbeitsbedingungen als Grund an, 5,48% den niedrigen sozialen Status, 2,21% hatten kein Interesse an der Landwirtschaft; doch nur 1,86% gingen wegen des Arbeitskräfteüberschusses und 4,49% hatten andere Gründe.[119]

Seit Mitte der achtziger Jahre gehen die ländlichen Arbeitskräfte also nicht mehr in industrielle Betriebe, weil sie auf dem Land überflüssige Arbeiter sind, sondern wegen der Nachfrage nach Arbeitskräften in der Industrie und den damit verbundenen Lohnaussichten. In den Shanghaier Außenbezirken ist die Zahl der Bauern, die aus jeglicher Form des Vertragsverantwortungssystems des primären Sektors in die Industrie wechselten, von 1983 7% über 1984 12% auf 1985 18% angewachsen, so daß die Anzahl der Beschäftigten im primären Sektor inzwischen unter die Beschäftigtenzahl im sekundären Sektor gefallen ist. Inzwischen haben nach eigener Einschätzung nur noch 27% aller landwirtschaftlichen Produktionsteams und 23% aller Bauernhaushalte überschüssige Arbeitskräfte, während 30% der Produktionsteams von gerade ausreichender oder unzureichender Arbeitskraft sprechen.[120] In der ersten Phase der Migration haben viele Bauern ihr Ackerland ganz verlassen, weil die Anzahl der Migranten mit der Zahl der überschüssigen Arbeitskräfte verglichen klein war. Doch inzwischen läßt sich die Tendenz ausmachen, daß viele der auf dem Land Verbliebenen den Acker nur noch während der landwirtschaftlichen Ferienzeit verlassen wollen, in der Saison aber weiter Land bestellen wollen oder aus Sicht der Arbeitsteams auch müssen. Denn mittlerweile hat sich die Arbeitsbelastung der Arbeitskräfte in den landwirtschaftlichen Produktionsteams beträchtlich erhöht. Bei 54,71% der Produktionsteams[121] sprach man davon, daß die Fläche, die eine Arbeitskraft bestellt, beinahe doppelt so groß ist, wie die Fläche, zu deren Bestellung sich die Arbeitskraft vertraglich verpflichtet hat. Und ein Fünftel der Produktionsteams gibt an, daß bei ihnen die pro Arbeitskraft zu bestellende Fläche noch größer sei. Die Zahl der Bauernhaushalte, die vollständig in nichtlandwirtschaftliche Tätigkeit gewechselt haben, hat sich zwar von 25,91% 1983 auf 36,42% 1985 erhöht, doch die Zahl derer, die trotzdem ihr Land in Vertragsverantwortung behielten, ist im gleichen Zeitraum von 35% auf über 50% gestiegen, und diese Zunahme ging mit der Vergrößerung der Vertragsfelder von 3 auf 4,5 *mu* einher.

Nimmt man unter den Bedingungen eines wenig technisierten Ackerbaus an, daß eine Arbeitskraft im Durchschnitt nur 3 - 4 *mu* Land bestellen kann, so ist allerdings zu fragen, wie sich die Klagen der Produktionsteams verstehen. Denn selbst wenn sich die Vertragsfelder inzwischen auf 4,5 *mu* vergrößert haben, so liegt diese Größe nicht außerhalb der Leistungsfähigkeit einer landwirtschaftlichen Arbeitskraft.

Zwar werden nur mehr 1,5% aller Getreidefelder ausschließlich von auf Getreideanbau spezialisierten Haushalten beackert, und die Zahl der dabei Beschäftigten beträgt 1,7% aller Arbeitskräfte. Doch bleibt festzustellen, daß auch diese Arbeitskräfte, die als Vollbauern gezählt werden, jährlich nur 200 Tage für Landwirtschaft aufbringen, weitere 80 Tage jedoch auch für nichtlandwirtschaftliche Tätigkeit. Doch selbst bäuerliche Haushalte, die auf Nebenprodukte wie Gemüse, Obst, Kleintiere etc. spezialisiert sind, werden bei Landgrößen bis 15 *mu* nicht an die Grenze ihrer Leistungsfähigkeit geraten, wenn sie allein von der Landwirtschaft leben.

Der Grund für die Klagen der Produktionsteams wird vielmehr darin zu suchen sein, daß bei einer Vielzahl von Haushalten einige Familienmitglieder inzwischen in der Industrie arbeiten, während die Alten die Landwirtschaft weiterführen. Denn bei Fortdauern der Bestimmungen nach dem Registriergesetz bleibt die ländliche Bevölkerung für ihre Ernährung selbst verantwortlich. Und dieser Verantwortlichkeit kommen viele dadurch nach, daß sie die haushaltsinterne Arbeitsteilung restrukturieren.

Ausschließlich von der Landwirtschaft lebten in den Shanghaier ländlichen Bezirken 1985 nur noch 14,74% der Haushalte (gegenüber 22,27% 1983). Eine weitere Tendenzverschiebung ist im gleichen Zeitraum darin zu sehen, daß die Zahl der in den sekundären Sektor wechselnden Arbeitskräfte im gleichen Maße rückläufig ist, wie die Zahl der in den tertiären Sektor wechselnden Arbeitskräfte ansteigt. In der Gesamtzahl der festgestellten Mobilität sank der Anteil der erstgenannten Gruppe von 76,55% 1983 auf 68,84% 1985, während der Anteil der zweitgenannten Gruppe von 1983 2,76% auf 1985 6,70% stieg.[122]

Haushaltsstruktur

Für die Veränderung der haushaltsinternen Arbeitsteilung spricht die erkennbare Änderung in der Altersstruktur der in der Landwirtschaft Beschäftigten. 1985 gab es in den Außenbezirken Shanghais mehr über 45jährige als unter 30jährige Arbeitskräfte in der Landwirtschaft. Dies ist vor allem auch darauf zurückzuführen, daß immer mehr jüngere Frauen das Land verlassen; ihr Anteil an der migrierenden Bevölkerung stieg im angegebenen Zeitraum von 50% auf 57,54%. Weiterhin hohe Nachfrage nach Arbeitskräften in der ländlichen Industrie und im tertiären Sektor haben die Löhne auf ein Maß steigen lassen, das auch für verheiratete ländliche Arbeitskräfte im Alter von etwa dreißig Jahren attraktiv ist. Aufgrund der gestiegenen Nachfrage nach Arbeitskräften und der Konkurrenz um besser ausgebildete Arbeitskräfte mußte auf seiten der Betriebe inzwischen auch auf schlechter schulisch ausgebildete Arbeitskräfte zurückgegriffen werden. Folglich ist Mitte der achtziger Jahre bei den Migranten aus den Shanghaier Außenbezirken sowohl eine Altersverschiebung von den 15- bis 24jährigen zu den 25- bis 34jährigen als auch eine Ausbildungsverschiebung - der Anteil der unteren Mittelschulabsolventen sank von 52,9% auf 40,22%, der Anteil der Grundschulabsolventen stieg von 26,09% auf 38,55% - zu erkennen.[123]

Die Ziele der Arbeitsuchenden waren aber zum überwiegenden Teil Betriebe unterhalb der Ebene von Betrieben in Marktstädten; in Dorfbetriebe u.ä. wechselten 65%, in Betriebe auf höherer Ebene 35% der ländlichen Arbeitskräfte; immerhin hat die Gesamtzahl derer, die in städtische Kollektivbetriebe wechselten, bis 1987 550.000 Personen erreicht (die Gesamtzahl derjenigen, die ihre Beschäftigung gewechselt haben, wird in Shanghai also bei etwa 1,7 Millionen liegen). Insgesamt sind im Zeitraum zwischen 1978 und 1985 92% in Betriebe der Gemeindeebene gewechselt, nur 8% in Betriebe, die von höheren administrativen Organen besteuert werden.

Deutlicher noch wird die Ablehnung, die die Landarbeit erfährt, wenn man die Wünsche betrachtet, die die Bauern in Shanghais ländlichen Gebieten für ihre Kinder hegen; nur 3,31% wünschen ihren Kindern eine Zukunft als Bauer auf dem Dorf; 18,12% stellen sich für ihre Kinder eine Zukunft als Agrarfachmann vor.

Auf die Frage, ob sie weiterhin Bauer bleiben möchten, antworteten die Befragten Zhu Baoshu:[124]

Haushaltsstruktur

Abbildung 24: "Wollen Sie weiterhin Bauer bleiben?" Umfrage unter Shanghaier ländlichen Arbeitskräften

1985, mit "Ja" antworteten:

nach Alter:	15- 24jährige:	20,31%
	25- 34jährige:	31,09%
	35- 44jährige:	54,44%
	45- 54jährige:	55,07%
	über 55jährige:	60,00%
nach Ausbildung:	obere Mittelschule:	20,59%
	untere Mittelschule:	21,05%
	Grundschule:	39,66%
	Analphabet:	55,86%

Abbildung 25: Migrationsziele nach Berufsgruppe in Shanghais Außenbezirken 1985

Gesamtarbeitskraft:	in ein Dorf:	31,79%	
	in eine Gemeinde:	38,61%	
	in einen Bezirk:	12,45%	
	in die Stadt:	13,59%	
	andere:	3,56%	
	zusammen:		100%
Bauern:	in ein Dorf:	45,61%	
	in eine Gemeinde:	32,40%	
	in einen Bezirk:	7,37%	
	in die Stadt:	10,88%	
	andere:	3,74%	
	zusammen:		100%
nichtagrarisch Tätige:	in ein Dorf:	23,41%	
	in eine Gemeinde:	42,35%	
	in einen Bezirk:	15,50%	
	in die Stadt:	15,22%	
	andere:	3,52%	
	zusammen:		100%

Befragt man die Kinder, so erhält man noch deutlichere Antworten: 77,73% der Schüler ab der unteren Mittelschule wollen weiter zur Schule gehen und bevorzugen die Industrie im Verhältnis 40 : 1 gegenüber der Landwirtschaft, nur 11,91% der Schüler wollen agrarfachliches Wissen für spätere Tätigkeit in der Landwirtschaft erwerben.

Eine vergleichende Betrachtung der Migrationswünsche zwischen Bauern und nichtlandwirtschaftlich Tätigen zeigt folgende Zielpräferenz:[125]

Interessant ist ein Vergleich mit einer Untersuchung von 1983, die den Anziehungswert der verschiedenen Stadttypen in Abhängigkeit des Monatseinkommens des Befragten ermittelte. Hier zeichnet sich ein geradezu "mythischer" Wert der Stadt ab.

Abbildung 26:[126]   **Migrationsziel in Abhängigkeit vom Monatseinkommen 1983**

Einkommen	< 31 Yuan:	Gemeinde: Stadt: andere:	13,3% 73,3% 13,4%
Einkommen	31 - 50 Yuan:	Gemeinde: Stadt: andere:	17,5% 50,9% 31,6%
Einkommen	51 - 70 Yuan:	Gemeinde: Stadt: andere:	65,2% 23,9% 10,9%
Einkommen	> 70 Yuan:	Gemeinde: Stadt: andere:	71,1% 15,5% 13,3%

Um den mythischen Wert der Stadt in den Augen der Landbevölkerung besser bestimmen und ihn in seinen langfristigen Auswirkungen auf die Bevölkerungsentwicklung beurteilen zu können, führte das Institut für Bevölkerungswissenschaft der Pädagogischen Hochschule Ostchinas im Sommer 1984 eine Stichprobenuntersuchung in Shanghaier Vororten durch, wobei in fünf Gemeinden bei zehn Produktionsteams 300 Bauernhaushalte untersucht wurden. Schwerpunkt der Untersuchung war es, den Einfluß der Mobilität der Arbeitskräfte auf die

Altersversorgung

Geburtenplanung und die Planung der Familiengröße herauszufinden. Dabei kristallisierten sich folgende Präferenzen heraus. Solange der Haushalt überwiegend von der Landwirtschaft lebte, war man der Meinung, daß viele Kinder eher von Vorteil wären. Nur 19,9% waren der Meinung, ein Einzelkind in der Familie sei am besten, und 69,5% hätten lieber einen Sohn. Aber auch bei Beschäftigten der ländlichen Industrie war man mit 77,6% überwiegend der Meinung, zwei Kinder zu haben, wäre schön; und auch hier sprach man sich zu 60,5% für männliche Nachkommen aus.[127] Weiterhin versprach man sich auf dem Land größeren Wohlstand durch mehr und vor allem männliche Kinder, wobei diese Ansicht durch eine auf Verwandtschaftsbeziehungen beruhende Altersversorgung gestützt wird.

Altersversorgung

So wird denn auch im Kontext von Mobilität und haushaltsinterner Arbeitsteilung in Shanghai seit geraumer Zeit ein Thema diskutiert, nämlich das der alten Menschen. Deren Anteil an der gesamten Bevölkerung in Shanghai stieg von 3,61% im Jahre 1964 auf 7,43% im Jahre 1982, womit Shanghai in der VR China zur Stadt mit den meisten älteren Menschen wurde. Unter der Voraussetzung der Beibehaltung der Einkind-Politik schätzt Gui Shixun[128], daß im Jahr 2000 bereits etwa 14% der Bevölkerung über 65 Jahre alt sein wird (im Stadtgebiet gar 17%)[129], womit das Niveau von Frankreich (14,6%) oder Japan (14,5%) zu Beginn der achtziger Jahre erreicht wäre.

Mitte der achtziger Jahre wurden mehrere Untersuchungen über die soziale Situation der alten Menschen in Shanghai durchgeführt. Die erste, die ich hier erwähnen möchte, beschäftigte sich im Juli 1986 mit den ökonomischen, gesundheitlichen, Wohnungs-, Arbeits- und Freizeitbedingungen der 578.400 Menschen über 60 Jahre, die in den Außenbezirken Shanghais lebten. 527.100 von ihnen waren Dorfbewohner.[130]

Von den Untersuchten waren vor ihrer Rente bzw. Pensionierung 2,58% Hausarbeiter (die alten Menschen verrichten einfache körperliche Arbeit im und um das Haus), 77,12% Bauern, 7,47% Industriearbeiter, 2,18% Bauarbeiter, 1,85% Forstarbeiter und 1,46% Nebengewerbetreibende; für die anderen liegen keine Angaben vor. Zum Zeitpunkt der Untersuchung 1986 sind 66,38% Hausarbeiter; immerhin 22,53% arbeiten noch als Bauern, während 1,84% Industriearbeiter, 1,48% Nebengewerbetreibende (meint wohl Handwerker), 0,64% bäuerliche Nebengewerbetreibende und 0,56% Bauarbeiter sind.[131]

Zum Zeitpunkt der Untersuchung verfügten die alten Menschen über folgende jährliche Einkünfte.[132]

Shanghai

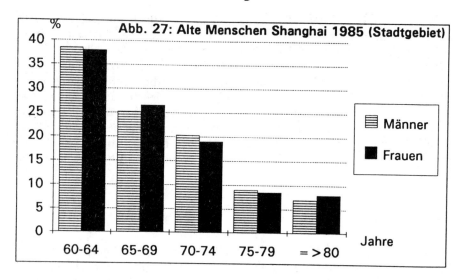

Abbildung 28: Jahreseinkommensverteilung nach Altersklassen bei alten Menschen in Shanghai 1986
(Angaben in Yuan; % der Alterstufe)

Einkommen	60-64 Jahre	65-69 Jahre	70-74 Jahre	75-79 Jahre	>80 Jahre
< 100	1,45	0,97	0,67	1,01	1,71
100 - 199	8,92	7,28	3,03	7,04	12,57
200 - 299	13,69	18,93	23,57	21,61	22,86
300 - 499	29,05	29,85	42,09	42,21	41,14
500 - 999	33,20	33,50	24,58	22,11	19,43
> 1000	13,69	9,47	6,06	6,03	2,29
zusammen	100	100	100	100	100

Die jährlichen Ausgaben (1985) beliefen sich durchschnittlich auf 444 *Yuan* pro Person, davon entfielen 76 *Yuan* auf Getreide, 76 *Yuan* auf Fleisch, Geflügel und Eier, 33 *Yuan* auf Gemüse, 24 *Yuan* auf Öl, Salz, Essig und Sojasoße, 18 *Yuan* auf Brennstoffe, 28 *Yuan* auf Kleidung, 18 *Yuan* auf die Wohnung, 27 *Yuan* auf Ausgaben zum Erhalt der Gesundheit, 3 *Yuan* auf Verkehrsmittel, 1 *Yuan* Ausgaben für Reisen, 6 *Yuan* auf Ausgaben für Alltag und Kultur, 12 *Yuan* auf die Ausrichtung von Hochzeiten, 49 *Yuan* auf Geschenke und Gästebewirtung, 8 *Yuan* auf die Unterstützung der Kinder, 4 *Yuan* auf den Unterhalt der Eltern, 33 *Yuan* aufs Rauchen, 23 *Yuan* auf den Alkohol, und 5 *Yuan* wurden für anderes ausgegeben.[133] Gui Shixun errechnet nun anhand der Werte für Getreide, Gemüse, Öl, Salz, Sojasoße und Essig, Brennstoffe, Kleidung, Wohnung, Gesundheit und Verkehr einen Mindestbedarf für die Lebensführung von 227 *Yuan* im Jahr. Während die Angaben, die sich in Abbildung 29 finden, die Einkommenstruktur in den einzelnen Alterklassen wiedergeben, zeigen die absoluten Zahlen, daß das Einkommen im Jahre 1986 bei immerhin noch 8,69% der alten Menschen auf dem Land nicht ausreicht, um diesen Mindestbedarf eigenständig finanzieren zu können. Umgekehrt sind nur 43,64% der Alten in der Lage, ihr Leben vollständig aus eigenen wirtschaftlichen Mitteln zu finanzieren; weitere 14,72% sind im wesentlichen in der Lage, dies zu tun, während 20,39% dies nur zur Hälfte schaffen. Über 20% sind weitgehend bis vollständig auf die Fürsorge anderer für ihren Lebensunterhalt angewiesen, und dies sind zu 72,29% Frauen.

Auf ihre gesundheitliche Situation hin angesprochen, antworteten 20,88%, sie fühlten sich gesund, und 55,14%, sie fühlten sich weitgehend gesund. 16,14% meinten, sie seien zwar krank, aber noch arbeitsfähig, während 7,84% angaben, sie seien krank und zur Arbeit nicht mehr fähig.[134] Folgende Krankheiten stellte Gui Shixun fest: 17,72% Lumbago, 13,50% Arthritis, 12,56% Tracheitis, 9,39% Hypertonie, 8,67% Gastralgie, 4,94% Herzkrankheiten.

Für die soziale Sicherheit im Alter ist auch die Wohnsituation der alten Leute von besonderer Bedeutung; 32,97% von ihnen wohnten bei einem verheirateten Sohn, 32,07% konnten weiter als altes Ehepaar zusammen wohnen; doch fällt auf, daß immerhin 21,57% als Einzelperson in einem eigenständigen Haushalt wohnen. 8,26% lebten bei der verheirateten Tochter und 4,03% mit einem oder mehreren unverheirateten Kindern.

Die Industrialisierung der ländlichen Außenbezirke in Shanghai hat bei den Landbewohnern ihre Spuren häufig zuerst in Form von neu erbauten Häusern hinterlassen. So lebten 43,68% der alten Menschen in zweigeschossigen Häusern, von denen viele seit Beginn der achtziger Jahre errichtet worden waren. 32,55% lebten noch in alten ebenerdigen Häusern und 9,75% gar noch in alten ebenerdigen baufälligen Häusern. Mit 82,30% stand den meisten alten Menschen Wohnraum von über 10 qm zur Verfügung; 11,31% lebten auf 8-10 qm, doch immerhin 4,85% mußten mit weniger als 4 qm auskommen.

In der Art zu wohnen drückt sich auch die Fähigkeit der alten Menschen aus, ihr Alltagsleben selbst zu organisieren. Zwar sind von denen, die zusammen mit ihrem Ehepartner wohnen, nur wenige bereits auf die Hilfe von Verwandten

80 Shanghai

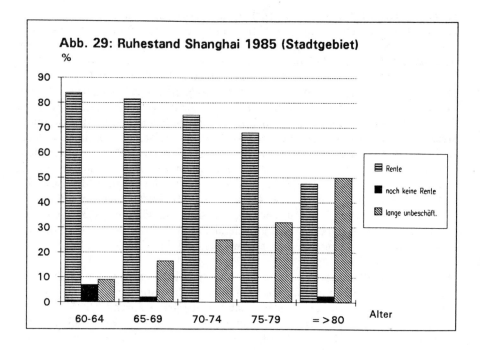

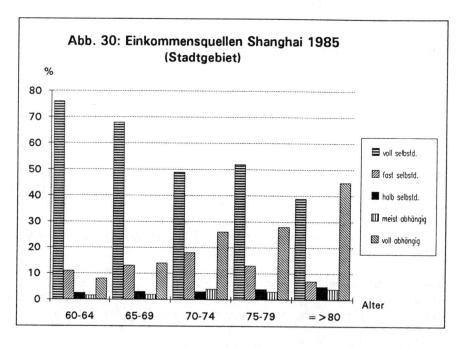

angewiesen, wenn es um alltägliche Besorgungen geht. Doch insgesamt können 30% der alten Menschen ohne die Hilfe von Verwandten nicht auskommen. Von ihnen geben 51,88% an, daß sie zuallererst auf die Hilfe ihres verheirateten Sohnes oder der Schwiegertochter zurückgriffen. 20,55% bräuchten die Hilfe ihrer Ehepartner, 14,85% die Hilfe der verheirateten Tochter oder des Schwiegersohns und 8,24% die Hilfe von Enkeln. Nur 1,02% der Alten wohnen im Altersheim.[135] Eine wesentliche Arbeit, für die die alten Menschen die Hilfe ihrer Kinder reklamieren, ist die Bestellung des Selbstversorgungsfeldes. Bei 44,91% der alten Menschen wurde das Feld vom verheirateten Sohn oder dessen Ehefrau bestellt, nur mehr 27,20% konnten dies allein tun. Doch übernehmen die alten Menschen im Gegenzug zur Aufgabe der Feldarbeit im Haushalt ihrer Kinder andere Aufgaben; 48,99% kümmern sich um wichtige Hausarbeit, 32,06% helfen bei Hausarbeiten. Nur 12,93% machen wenig oder 6,12% gar keine Hausarbeit.

Über ihre Probleme und dringendsten Bedürfnisse befragt, nannten 27,21% Gesundheitsversorgung, 22,79% Essen und Kleidung, 18,33% Wohnen, 13,17% tägliche Umsorgung, 9,25% Beschäftigung, 6,59% Kultur und Vergnügen. Befragt, wie ihre Probleme zu lösen seien, sprachen sich 17,81% für den Aufbau eines Komitees für alte Menschen aus, das ihnen bei der Behebung von Schwierigkeiten behilflich sein könne; 14,79% sprachen sich für den Aufbau eines Krankenhauses für alte Menschen aus, 14,55% meinten, es sei mehr Propaganda und Erziehung zwecks Achtung des Alters nötig; 12,11% meinten, es seien Gesetze zur systematischen Altersversorgung nötig, 10,43% wollten Räume für gesellige Aktivitäten, 8,87% sprachen sich für bessere Wohnungen und 4,30% für ein Altersheim aus; 3,08% forderten ein Geschäft mit Konsumgütern des alltäglichen Gebrauchs und 2,96% wollten auch mal verreisen.

Die Gesundheitsversorgung war den alten Menschen meist zu teuer; denn immerhin 33,73% sprachen sich für das Anheben der Subvention der Behandlungsgebühren bei Bedürftigen aus und weitere 33,47% für das Anheben der Subvention der Behandlungsgebühren durch eine Zusammenarbeit von Gemeindeverwaltung und Betrieben. Doch zeigt sich noch eine weitere Tendenz, die aus der Restrukturierung der haushaltsinternen Arbeitskraft und dem Weg der Kinder vom Feld weg in die Fabrik herrührt. Einerseits entfernen sich die Erfahrungswelten der Alten und ihrer Kinder; zum anderen gewinnen die Kinder wegen des zunehmend höheren Anteils ihres industriellen Lohnes am Haushaltseinkommen an Gewicht. Die Alten reagieren unter anderem damit, daß sie mehr Achtung vor dem Alter bei den Jungen einklagen. So fordern 13,73% von ihnen vom Staat eine Erziehung der Kinder zu mehr Achtung vor dem Alter. Sie versprechen sich davon im Zusammenhang mit ihrer Gesundheitsversorgung moralischen Druck auf die Kinder, damit diese die Behandlungsgebühren übernehmen. Weitere 10,04% sehen in der Entwicklung der Wirtschaft und Lohnerhöhungen ein Mittel, mit dem ihre Kinder dann die Behandlungsgebühren übernehmen könnten.

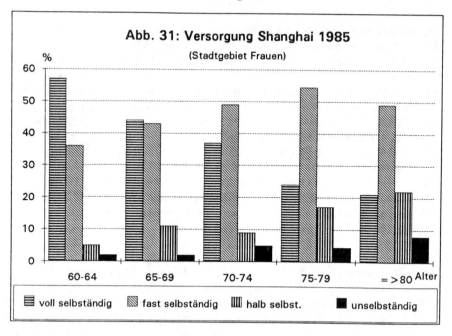

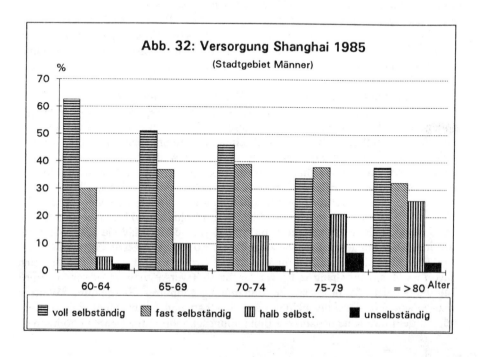

Altersversorgung

Zur Lösung ihrer eigenen wirtschaftlichen Probleme wünschten die alten Menschen zu 37,79% die Anhebung ihrer Rente und zu 20,98% eine Rente entsprechend ihres Alters, die unabhängig von der Zuteilung eines Vertragsfeldes bemessen wird. 14,78% möchten die Sitten und Gebräuche ändern, damit weniger Geld für Geschenke und die Bewirtung von Gästen aufgewendet werden müsse. 13,23% sprachen sich für leichte Arbeit zwecks selbständigen Einkommens aus, während 11,30% ein "Gesetz für alte Menschen" forderten, das den Kindern eine Versorgungssteuer auferlegt.[136]

1985 erhielten 12,90% der alten Menschen unter 100 *Yuan* Rente im Jahr; 13,48% erhielten zwischen 100 - 199 *Yuan*, 17,00% zwischen 200 - 299 *Yuan*, 22,42% zwischen 300 - 499 *Yuan*, 24,24% zwischen 500 - 999 *Yuan* und 25,00% über 1.000 *Yuan*.

Nach Ansicht von Gui Shixun ist eine Erhöhung der Rente nicht die geeignete Lösung der wirtschaftlichen Probleme der alten Menschen, da es vielen ländlichen Einheiten an finanziellen Mitteln fehle und sie in absehbarer Zeit keine wesentlich höheren Renten zahlen könnten. So schlägt er vor, das Vaterland fleißig und genügsam aufzubauen, die alten Sitten und Gebräuche zu ändern, die Last der alten Menschen bei Geschenken und Gastbewirtung zu lindern sowie die Kampfmoral zu stärken.[137]

Werden die alten Menschen nach ihren Wünschen des Zusammenlebens gefragt, so erhält der Fragende traditionelle Antworten. 45,80% möchten mit dem verheirateten Sohn oder Enkel zusammenwohnen, 18,80% als Ehepaar allein, aber mit einem Sohn, der in der Nähe wohnt. Zur Lösung ihrer Wohnprobleme stellen sich die alten Menschen vor, daß die Kinder zu mehr Achtung vor den Alten erzogen werden, damit sie bessere Zimmer (41,77%) oder allgemein bessere Wohnbedingungen (27,10%) bekommen.

Doch äußerten sich die alten Menschen, nach der allgemeinen Einschätzung ihrer Lebenssituation und ihrer Zufriedenheit mit ihrem Leben befragt, zu 23,18%, daß sie sehr zufrieden seien, zu 64,42%, daß sie ziemlich zufrieden seien, zu 10,44%, daß sie nicht sehr zufrieden seien, und nur 1,97% äußerten sich sehr unzufrieden über ihre Lebenssituation.[138]

Ende 1986 wurde eine weitere Untersuchung der Situation der alten Menschen in Shanghai gemacht; befragt wurden 3.201 Personen in der Stadtregion sowie in den städtischen und ländlichen Außenbezirken. Daraus ergibt sich folgendes Bild.

Seit Bestehen der Volksrepublik China wandelte sich der Altersaufbau der Bevölkerung in Shanghai. Waren 1953 erst 3,68% der Bewohner über 60 Jahre alt, so stieg deren Zahl auf 6,08% im Jahre 1964 und 11,51% im Jahre 1982. Ende

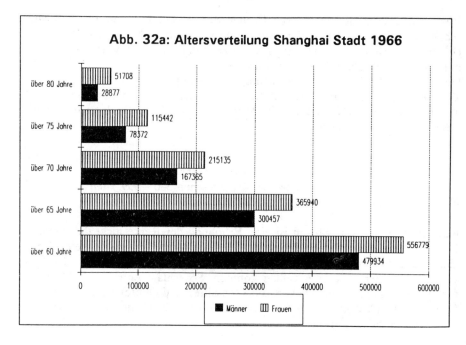

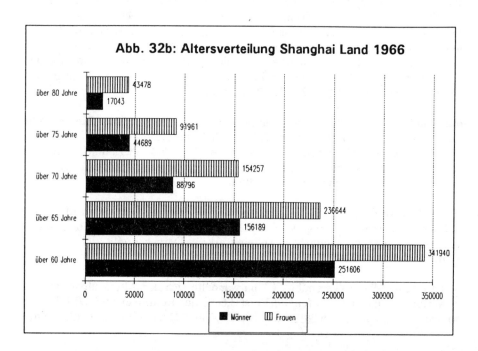

Altersversorgung

1986 betrug die Gesamtbevölkerung in Shanghai 12,32 Millionen Einwohner; davon waren 13,25% oder 1.632.461 Menschen über 60 Jahre alt. Im Stadtgebiet selbst leben 7,10 Millionen Bewohner; von ihnen sind 14,63% oder 1,04 Millionen über 60 Jahre alt. In den Außenbezirken leben 5,22 Millionen Bewohner; von ihnen sind 11,37% oder 593.748 über 60 Jahre alt.

Ebenfalls zugenommen hat in den letzten Jahren die Zahl der Rentner; 1982 waren es 9,78% der Shanghaier Gesamtbevölkerung, nämlich 1,16 Millionen. Bis Ende 1986 stieg ihre Zahl auf 1,388 Millionen an, so daß ihr Anteil an der Gesamtbevölkerung nunmehr 11,26% beträgt. Anders gesagt, er beträgt 27,74% der erwerbsfähigen Bevölkerung. Die Zahl ist deshalb so hoch, da das Rentenalter der Frauen mit 55 Jahren, das der Männer mit 60 Jahren beginnt. Die Einkommensquellen der Bevölkerung über 55 bzw. 60 Jahre unterscheiden sich in Abhängigkeit vom Wohnort der alten Menschen:[140]

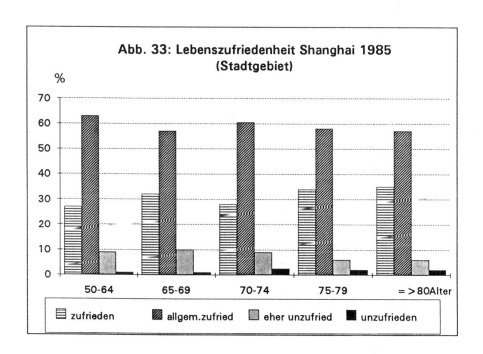

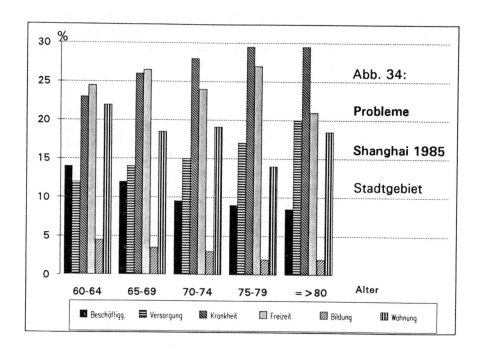

Abb. 34: Probleme Shanghai 1985 Stadtgebiet

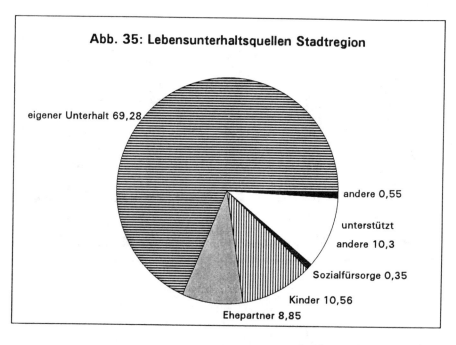

Altersversorgung

Die verschiedenen Unterhaltsquellen erklären sich aus mehreren Faktoren; da ist zum ersten das unterschiedliche Ausbildungsniveau der alten Menschen. Alle alten Menschen wurden vor der Gründung der Volksrepublik China geboren und so fiel für den größten Teil von ihnen ein möglicher Schulbesuch in die Republikzeit. Historisches Erbe jener Zeit ist für die meisten alten Frauen ihre mangelnde Ausbildung; die meisten von ihnen haben, unabhängig vom Wohnort, weder Lesen noch Schreiben gelernt und sind bis zum heutigen Tag Analphabetinnen geblieben. Daß ihr Anteil auch in der Stadt sehr hoch ist, mag auf den ersten Blick überraschen, doch stellten Gui Shixun u.a.[141] bei einer Stichprobenuntersuchung alter Menschen in Shanghais Stadtgebiet 1985 fest, daß 92,77% der von ihnen befragten Frauen nie lohnabhängig gearbeitet hatten und es so auch keinen Druck seitens möglicher Arbeitgeber gab, sich elementare Schreib- und Lesekenntnisse anzueignen. Entsprechend war ihr Einkommen sehr niedrig.[142] Frauen mit gehobener Schulbildung finden sich nur in der Stadtregion, fast gar nicht auf dem Land. Betrachtet man die Ausbildungsunterschiede bei den Männern, so prägen sich die Unterschiede zwischen städtischer und ländlicher Herkunft im Bildungsniveau viel deutlicher aus; nur wenige männliche Stadtbewohner sind Analphabeten, die meisten haben zumindest Grundschulabschluß. Auf dem Land dagegen hatten die Bauern meist keine Gelegenheit, eine Schule zu besuchen.

Der Wohnort beeinflußt auch die Zusammensetzung des eigenen Einkommens sowie dessen Höhe; Zhang Kaimins Studie gibt folgende Verteilung für das Monatseinkommen der alten Menschen in Shanghai an:[143]

Neben der unterschiedlichen Höhe des eigenen Einkommens der alten Menschen differenzieren sich dessen Quellen, betrachtet man den Wohnort.[144]

Auch die Familienverhältnisse der alten Menschen unterscheiden sich in vielfacher Weise; je nach Wohngebiet findet sich eine unterschiedliche Gewichtung der einzelnen Lebensformen. Einpersonenhaushalte finden sich zu 2,95% in der Stadtregion, zu 6,93% in den städtischen Außenbezirken und zu 2,80% in den ländlichen Außenbezirken. Zhang Kaimin unterscheidet von diesen Einpersonenhaushalten die Haushalte von Alleinstehenden; welches Kriterium er für diese Unterscheidung annimmt, kann nur vermutet werden.[145] Alleinstehende gibt es zu 1,4% in der Stadtregion; zu 11,8% in den ländlichen Außenbezirken und zu 5,45% in den städtischen Außenbezirken. Können die alten Menschen noch als Ehepaar zusammen wohnen und haben Kinder, so wohnen sie deshalb doch nicht immer mit ihnen zusammen; immerhin 11,46% der Ehepaare in der Stadtregion wohnen allein; 26,40% sind es in den ländlichen Außenbezirken und gar 33,66% in den städtischen Außenbezirken. Aufgrund der unzureichenden Wohnungsversorgung wohnen also im Stadtgebiet mit 17,61% und in den städti-

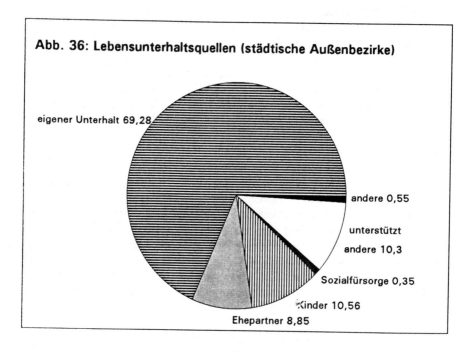

Abb. 36: Lebensunterhaltsquellen (städtische Außenbezirke)

eigener Unterhalt 69,28
andere 0,55
unterstützt andere 10,3
Sozialfürsorge 0,35
Kinder 10,56
Ehepartner 8,85

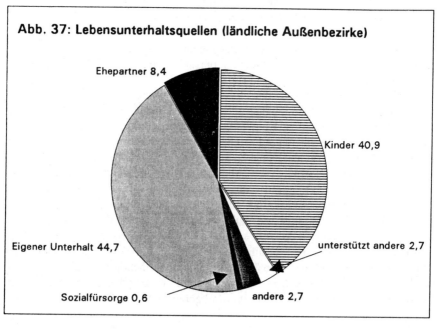

Abb. 37: Lebensunterhaltsquellen (ländliche Außenbezirke)

Ehepartner 8,4
Kinder 40,9
unterstützt andere 2,7
Eigener Unterhalt 44,7
Sozialfürsorge 0,6
andere 2,7

schen Außenbezirken mit 22,77% weit mehr alte Menschen bei ihren Kindern als auf dem Land (9,7%). Dreigenerationenhaushalte machen 50,53% der Wohnform alter Menschen in der Stadtregion aus; 40,10% der Alten in den ländlichen Außenbezirken leben auch so; der Anteil von nur 20,30% in den städtischen Außenbezirken erklärt sich dadurch, daß die meisten dieser Außenbezirke nach der Staatsgründung als Industrieansiedlungen geplant und errichtet wurden und ihre Bevölkerungsstruktur auf dem mechanischen Wachstum beruht.[146] Haushalte mit vier und mehr Generationen sind selten; sie finden sich zu 2,15% in der Stadtregion, mit 5,7% noch am ehesten in den ländlichen Außenbezirken, während sie in den neu entstandenen städtischen Außenbezirken mit 0,5% atypisch sind.

Im Zusammenhang mit den Veränderungen der familiaren Beziehungen im Zuge des Beschäftigungswandels und der Land-Stadt-Wanderung ist die Selbsteinschätzung der alten Menschen über ihr Ansehen und ihre Stellung in der Familie besonders interessant. Denn hier zeigt sich, daß der Wandel auf dem Lande wesentlich tiefgreifender vor sich gegangen ist und über die Produktions- und Eigentumsverhältnisse hinaus bis weit ins Familienleben eingegriffen hat. Da in den innerstädtischen Bezirken wenig für den Wohnungsneubau und die Stadtsanierung getan worden ist, hat sich der Bevölkerungsdruck dort nicht entschärft. So müssen die Generationen dort noch häufig in einem Haushalt zusammenwohnen. Während vor allem die jungen Frauen diese Situation zunehmend als bedrückend empfinden, betrachten die alten Menschen das enge Aufeinanderwohnen mit anderen Augen. Für sie bedeutet es die Möglichkeit der Einflußnahme auf das Familienleben. So ist es nicht verwunderlich, daß die alten Menschen sich in diesen Familien als geachtet betrachten.[147] Auf dem Lande dagegen äußert sich ein wesentlich höherer Prozentsatz der alten Menschen weniger zufrieden über die Achtung, die die Umwelt und vor allem ihre Kinder ihnen in der Familie entgegenbringen. Zwar fühlen sich 15,66% der alten Menschen in der Stadtregion, 13,86% in den städtischen Außenbezirken und 19,40% in den ländlichen Außenbezirken ziemlich geachtet, doch betrachten zunehmend mehr alte Menschen auf dem Land ihre gesellschaftliche Stellung mit Sorge. 27,20% von ihnen, die in ländlichen Außenbezirken wohnen, äußern die Ansicht "Geht so", und 5% fühlen sich nicht sehr geachtet. Mit 12,11% in der Stadtregion und 7,43% in den städtischen Außenbezirken, die "Geht so" äußern, und 1,35% in der Innenstadt und 0,99% in den städtischen Außenbezirken, die sich nicht sehr geachtet fühlen, liegt die Vergleichsziffer deutlich niedriger.

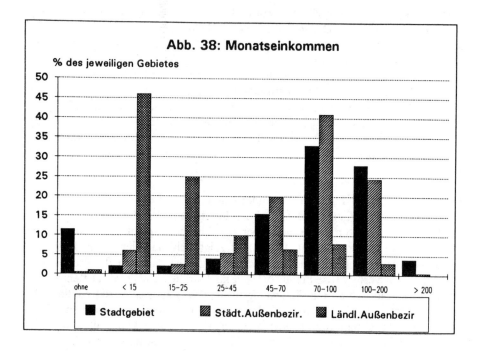

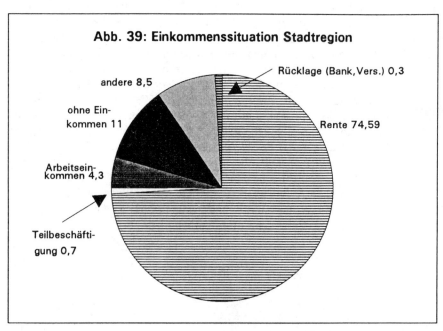

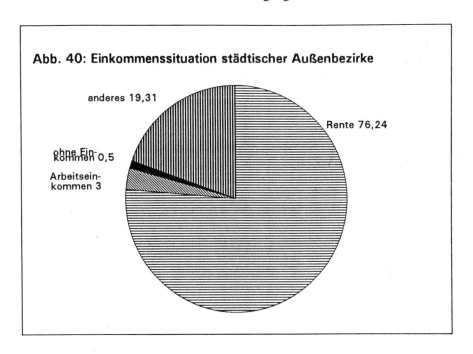

Abb. 40: Einkommenssituation städtischer Außenbezirke

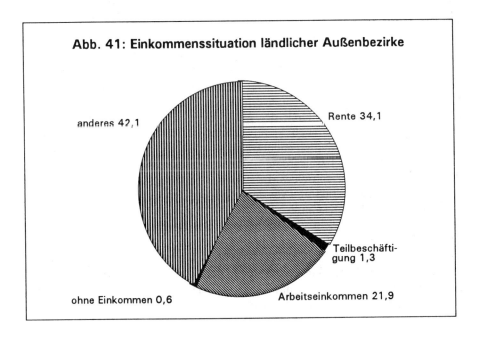

Abb. 41: Einkommenssituation ländlicher Außenbezirke

Fazit

Die durch die Wirtschaftsreform eingeleitete Modernisierung der chinesischen Gesellschaft veränderte in den letzten zehn Jahren Organisation und Struktur der Beziehungen der gesellschaftlichen Produzenten zueinander. Aus dem System der Statuszuweisung und Versorgungshierarchie der Produzenten, wie es in Volkskommune und Einheit organisiert war und durch die Partei strukturiert wurde, lösten sich politisch-administrative und ökonomische Aktivitäten heraus. Interne Dynamik und interaktive Beziehungen einer sich neu gestaltenden Produzentenhierarchie zu verwalten, sollte mittels vertraglicher Beziehungen versucht werden. Der reformistische Flügel der Nomenklatura begünstigte die Ausweitung der vertraglichen Beziehungen, um die Stellung der gesellschaftlichen Produzenten über die Hebung des produktiven Niveaus neu zu ordnen. Nach den Vorstellungen der Reformisten sollte der soziale Gehorsam der Produzenten gegenüber der Monopolbürokratie nicht mehr nur außengesteuert - das heißt durch Übernahme der Ideologie - abgesichert werden, sondern durch ein produktives Bündnis mit der politischen Verwaltung die Binnenstruktur der Produzenten erfassen. Das Vertragsverantwortungssystem gestattete die Neudefinition der Rolle der ländlichen Produzenten. Einerseits gewährleistete es die weitere Anbindung der Landbevölkerung an einen weicher formulierten Staatsplan, wenn die Landbevölkerung weiterhin ihre Quote zur Nahrungssicherstellung der in den Einheiten - *danwei* - organisierten städtischen Arbeiter und Bürokraten zu erfüllen hatte. Somit blieben die Bauern per Vertrag Knechte - will sagen, ökonomisch und politisch unfrei. Andererseits gewährleistete die Splittung des Marktes durch die Erlaubnis, das über die Quote hinaus produzierte Mehrprodukt eigenständig zu vermarkten, daß die Bauern eine Perspektive eigenständigen Wirtschaftshandelns erkennen konnten. So hafteten dem Vertragsverantwortungssystem von Anfang an stark traditionalistische Züge an; es vermied, daß sich das Produzentenverhältnis ausschließlich als Marktverhältnis ausbildete, und entsprach damit der Möglichkeit, die politische Herrschaft in Form von Klientelbeziehungen weiterzuführen. Über die Familiarisierung der ländlichen Produktion konnten andererseits verstärkt chauvinistische Formen der Arbeitsteilung wiederbelebt werden; während sich die Männer die angesehenen Tätigkeiten z.B. im Transportgewerbe sichern, finden sich Frauen und Kinder als Ersatz für die kleinen Traktoren vor dem Pflug auf dem Feld wieder.[148] Weiteres eklatantes Indiz ist der Kindermord an kleinen Mädchen, der sich unter anderem auch statistisch Ausdruck verschafft: So weist der Bevölkerungszensus von 1990 eine gegenüber 1982 um 0,3% zuungunsten der Frauen veränderte Geschlechterverteilung auf. Das Aufleben des Chauvinismus ist allerdings nicht auf das Land beschränkt; neben der Tatsache, daß sich in der Presse die Stimmen mehren, die davon sprechen, daß der Job am heimischen Herd der Frau gut zu Gesicht stünde,[149] hat die Freiheit, die den Einheiten seit 1978 bei der Einstellung von neuem Personal schrittweise gegeben wurde, die Möglichkeiten der Arbeitsaufnahme für die Frauen verändert. In den Städten wird es für die Frauen zunehmend schwieriger, in staatlichen Betrieben, die eine gewisse soziale Sicherheit bieten, eine Anstellung zu finden; mehr und mehr werden sie in den privaten Sektor abgedrängt, wo sie entweder in kleinen Klitschen unterkommen oder kochen, nähen und Kinder betreuen. Die Schikanen bei der Arbeitsaufnahme mehren sich und reichen von fehlender Vermittlung durch das örtliche Arbeitsbüro wie z.B. in einem Bezirk in Jiangsu über diskriminierende Verfahren bei Einstellungstests wie z.b. in Zhejiang bis hin zur Wiedererfindung der "typisch weiblichen" Tätigkeiten in Shanghai.[150]

Der Chauvinismus erlaubt die Weiterführung der Klientelherrschaft, indem er die politische Kontrolle über die Arbeitskraft durch die familiäre Kontrolle ergänzt. Im ländlichen Vertragsverantwortungssystem wird dem Mann als Familienvorstand de jure Kontrollfunktion über die Familie als produktiver Einheit erteilt; als Vertragspartner der örtlichen Regierungsgewalt wird der Familienvorstand unmittelbar als Herr der produktiven Potenzen seiner Familie eingesetzt, was die Kontrolle über die reproduktiven Potenzen der Frau einschließt.

Die angedachte Arbeitsteilung zwischen der Nomenklatura und den Produzenten soll sich in der Ausgestaltung des Marktes äußern; während die Bürokratie ihn regelt und kontrollierend in ihn eingreift, hätte er den Produzenten als Anleitung für die Gestaltung ihrer Produktion zu dienen.

Die Konstruktion der Vertragsverantwortungssysteme zeigt, daß die KPCh dem Markt als alleinigem Regelungsmechanismus der sozialen und wirtschaftlichen Beziehungen mißtraut. Zwar fördert eine Orientierung der Produktion an den Markterfordernissen das Produktivitätsbewußtsein der Landbevölkerung, doch fürchtet man auf seiten der Partei, daß die einseitige Ausrichtung der Produktion am erzielbaren persönlichen Vorteil mit gesellschaftlichen Brüchen verbunden ist, die sich aus der Bevölkerungsstruktur ergeben. Demzufolge ist es nicht verwunderlich, wenn die Geburtenplanung als Teil des Vertragsverfahrens den staatlichen Einfluß auf die produktive Struktur und die Größe des ländlichen Haushaltes gewährleisten soll. Im Dilemma zwischen der Notwendigkeit der Produktivitätssteigerung, die zur Freisetzung ländlicher Überschußbevölkerung führen muß, und der Unterentwicklung der industriellen Infrastruktur befangen, sucht das Vertragsverantwortungssystem die ländliche Bevölkerung so lange auf dem Land zu binden, bis die zu entwickelnde Industrie sie nach und nach aufnehmen kann. Aus dem ungünstigen Verhältnis von Bevölkerung zu bewirtschaftender Fläche suchte die Partei einen Ausweg, indem sie die Familienwirtschaft wiedereinführte. Doch ist die Familie nicht nur Produktions-, sondern auch Konsumgemeinschaft. Der interne Konsumdruck, der durch das eigenständige

Produzieren befriedigt werden muß, fordert von der Familie je nach wirtschaftsgeographischer Lage unterschiedliche Überlebensstrategien. Die einen sehen sich zur Vergrößerung ihrer Familie gezwungen, um mehr Arbeitskräfte zur Verfügung zu haben. Anderswo wandern Familienmitglieder in die Industrie ab, oder sie suchen die Familie über den Doppelerwerb zu ernähren. Für wieder andere stellt sich die Frage, ob die Landwirtschaft jemals rentabel sein kann, und sie versuchen in die Städte abzuwandern. Daß dies vor allem auf die jungen Männer auf dem Lande zutrifft, ist die Ironie jener Refamiliarisierung der Landwirtschaft, die mit der Wiederbelebung des ländlichen Chauvinismus ihren Söhnen durch den Mädchenmord die Bräute raubt. Und mit der Braut auch die Möglichkeit auf ein ausreichend großes eigenständiges Vertragsfeld.

Unterschiedliche Ausprägungen des Verhaltens in den Provinzen Zhejiang und Jiangsu sowie in Shanghai sind in den vorangegangenen Kapiteln dargestellt worden. Dabei zeigte sich auch, daß das Material, das ich zur Darstellung benutzen konnte, ein Artefakt ist, auf den ich noch kurz eingehen möchte.

Schon allein Umfang und Differenzierungsgrad der heranziehbaren Untersuchungen offenbaren eine deutliche Präferenz für Shanghai vor Jiangsu und Zhejiang. Je näher die untersuchten Gebiete dem Arbeitsplatz der Wissenschaftler liegen, desto eher kann man detaillierte Ergebnisse erwarten. Diese Tatsache gründet nicht nur darin, daß es in Shanghai oder den größeren Provinzstädten mehr und kompetentere wissenschaftliche Einrichtungen gibt; sie gründet auch im Habitus des chinesischen Intellektuellen, für den sich das Land in einer Weise mit Rückständigkeit verbindet, daß sich Interesse beinahe verbietet. Wenn eine Region nicht über ihre propagierte Beispielhaftigkeit Prestigewert besitzt, ist sie ausführlicheres Interesse nur selten wert.

Doch korrespondiert der Stolz der städtischen Intellektuellen mittlerweile mit dem Verhalten eines zunehmenden Teils der Landbevölkerung. Auch sie lernt angesichts einer wachsenden Einkommensschere zwischen Stadt und Land die Anziehungskraft der Stadt und ihre kulturellen Annehmlichkeiten schätzen. Und die Stadtbevölkerung reagiert entsprechend ablehnend auf die Zugezogenen. In Shanghai hat die kulturelle Verächtlichmachung der Menschen aus Subei schon Tradition; und noch heute gelten die historischen Ungleichheiten fort. Häufig sind Menschen aus Subei in Shanghai Friseure oder Bader, oder sie arbeiten bei der Müllabfuhr oder als Fäkalientransporteure – alles Berufe niedrigen Ansehens. Und es gibt wenig Aufwärtsmobilität; zwei Drittel der Kinder von ursprünglich aus Subei stammenden Menschen arbeiten an fast den gleichen Arbeitsplätzen, die keine Qualifikation voraussetzen, an denen auch schon ihre Eltern arbeiteten.

Fazit

Die Diskriminierung setzt sich auf dem Heiratsmarkt fort, wird an Sprache, Kleidung und Essen aufgezogen, und selbst die Huai-Oper findet in den Augen eines "wahren" Shanghaiers keine Gnade.[151]

Doch bin ich trotz der Tendenz der Darstellungen, stadtnahe Untersuchungsgebiete zu bevorzugen, überzeugt, daß sich aus ihnen Einsichten in symptomatische Entwicklungen der Stadt-Land-Beziehungen gewinnen lassen. Vor dem Hintergrund einer landesweiten Untersuchung,[152] bei der in 74 chinesischen Städten die Migration nicht nur der ländlichen Bevölkerung untersucht wurde, möchte ich die meiner Ansicht nach wesentlichen Themenkomplexe zusammenfassend darstellen und eine Bewertung der Bevölkerungsumschichtung vorschlagen.

Die Familiarisierung der Produktion förderte auf dem Land die Spezialisierung der Landwirtschaftsproduktion der bäuerlichen Haushalte; die Beschränkung auf den Anbau besonderer Produkte ist dabei einerseits von der Anlage der Vertragsverantwortung, andererseits von der Nähe und dem Zugang zum Markt abhängig. Dabei ist zwischen dem Markt für landwirtschaftliche Produkte und dem Arbeitsmarkt zu unterscheiden, obwohl die Entwicklung beider in engem Verhältnis zueinander steht. Denn die Nachfrage nach ländlichen Arbeitskräften geht nicht von der staatlichen Industrie, sondern von den kollektiven Betrieben aus.[153] Im Gegensatz zu den Arbeitern in den staatlichen Fabriken, die Anspruch auf subventionierte Güter wie Wohnung und Nahrung haben, müssen die Arbeiter in den Kollektivbetrieben für beides selbst aufkommen. So ist es für viele ländliche Haushalte ein großes Risiko, die Landwirtschaft vollständig aufzugeben und für ihre Ernährung auf einen Markt angewiesen zu sein, dessen Angebot beschränkt ist. Nur dort, wo die Landwirtschaft durch ihre hohe Produktivität über die vertraglich festgesetzten Quoten hinaus den Angebotsmarkt ausweiten kann, können ländliche Arbeitskräfte vollständig die Beschäftigung wechseln und auf ihr Vertragsverantwortungsfeld verzichten. Doch viele Haushalte bevorzugen auch in diesen Regionen wie in Shanghai, in der Nähe der städtischen Zentren Jiangsus und Zhejiangs das Übergangsstadium des Doppelerwerbs. Nach Meinung von Zou Nongjian[154] ist der Doppelerwerb für die Arbeitskräfte sowohl mit Chancen wie mit Risikofaktoren verbunden; einerseits hat der Arbeiterbauer die Risiken, die für einen längeren Zeitraum den Aufbau der ländlichen Industrie begleiten werden,[155] selbst zu tragen, andererseits befreit die Möglichkeit, im Risikofall aufs Land zurückkehren zu können, den Bauern teilweise von seinen Sorgen um die Familienangelegenheiten.

Zugleich entspricht diese Entwicklung zum Doppelerwerb nach Ansicht des Autors den gegenwärtigen gesellschaftlichen Bedingungen der Landwirtschaft Chinas mit geringer Spezialisierung und Mechanisierung. Unter diesen Bedingungen werden nur Individuen den Weg zum Doppelerwerb gehen, der Haushalt

96 Fazit

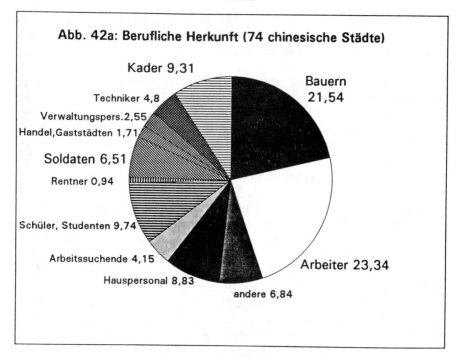

Abb. 42a: Berufliche Herkunft (74 chinesische Städte)

Kader 9,31
Techniker 4,8
Verwaltungspers. 2,55
Handel,Gaststädten 1,71
Soldaten 6,51
Rentner 0,94
Schüler, Studenten 9,74
Arbeitssuchende 4,15
Hauspersonal 8,83
andere 6,84
Arbeiter 23,34
Bauern 21,54

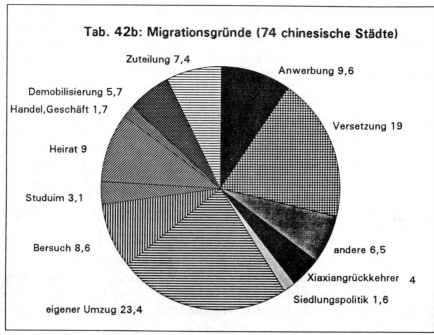

Tab. 42b: Migrationsgründe (74 chinesische Städte)

Zuteilung 7,4
Demobilisierung 5,7
Handel,Geschäft 1,7
Heirat 9
Studuim 3,1
Bersuch 8,6
eigener Umzug 23,4
Anwerbung 9,6
Versetzung 19
andere 6,5
Xiaxiangrückkehrer 4
Siedlungspolitik 1,6

Fazit

aber weiterhin landwirtschaftlich bleiben. Für Zou Nongjian folgt aus der Ausweitung des Doppelerwerbs die Notwendigkeit der Entwicklung der kleineren und mittleren Städte, die es den Pendlern ermöglichen, in der Stadt industrieller Arbeit nachzugehen und gleichzeitig mit dem Land verbunden zu bleiben. Doch diskutieren andere chinesische Autoren angesichts der Entwicklung der ländlichen Industrie in wirtschaftlich fortgeschrittenen Regionen[156] das Problem des Doppelerwerbs auch unter dem Gesichtspunkt der Spezialisierung der Haushalte. Bäuerliches Wirtschaften hat angesichts der wachsenden Kluft zwischen städtischem und ländlichem Einkommen nur dann eine Chance, für die ländliche Bevölkerung attraktiv zu bleiben, wenn die ländlichen Haushalte erstens ihren Betrieb vergrößern können[157] und zweitens ihre Produktion spezialisieren.[158] Doch setzt die Spezialisierung der landwirtschaftlichen Produktion in vielen Fällen ein gewisses Ausbildungsniveau der Arbeitskräfte voraus. Diesen Personenkreis suchen die Verantwortlichen in den Provinzen zwar dadurch an das Land zu binden, daß man ihnen wissenschaftliche Unterstützung beim Landbau anbietet, doch erreicht die durch landwirtschaftliche Hochschulen angebotene Hilfe nur einen begrenzten Personenkreis. Betrachtet man die Typologie der migrierenden Bevölkerung, so kann man feststellen, daß es gerade die jungen, verhältnismäßig gut ausgebildeten Männer sind, die das Land verlassen, um in den Städten in der Industrie zu arbeiten, und daß die Frauen ihnen häufig erst durch Heirat folgen können.[159]

Erhellt wird die Entscheidung zur Migration, wenn man zusätzlich den Einfluß des Ausbildungsniveaus auf das Einkommen der Migrationsbevölkerung betrachtet. Sha Jicai und Chen Guangbi haben die bereits angesprochene Studie der chinesischen Akademie für Sozialwissenschaften, die diese in Zusammenarbeit mit dem UNFPA (United Nations Fund of Population Activity) 1986 durchführte, hinsichtlich des Ausbildungsstandes der Migranten ausgewertet. Sie ermittelten die Einkommensunterschiede, die sich nach dem Ausbildungsniveau der Migranten staffeln, und erklären sie zu wesentlichen Anteilen damit, daß die hochqualifizierten Arbeitskräfte als Intellektuelle, Wirtschaftsverwaltungskader und technisches Personal meist in Betrieben, die zum Staatssektor zu zählen sind, arbeiten. So zeigen die Ergebnisse der Stichprobe, daß sich die Gruppe der Hochqualifizierten aus 43,11% Kadern und 41,12% spezialisiertem technischen Personal zusammensetzt, die Gruppe der Grundschulabgänger dagegen zu 60,65% aus Arbeitern und 10,17% aus Bauern besteht. Migranten, die staatlichen Betrieben zugeteilt werden, machen bei den Hochschulabsolventen 85,3% aus, in Kollektivbetriebe gehen dagegen nur 2,2% der Hochschulabsolventen. Die Grundschulabsolventen verteilen sich zu 59,33% in staatliche Betriebe und zu 33,81% in Kollektivbetriebe.

Diese Verteilung spiegelt sich, betrachtet man die Einstufungskriterien der staatlichen Industrie,[161] in der Einkommenshöhe wider. Sha Jicai und Chen Guangbi ermittelten für 1986 bei Einwohnern über 15 Jahre in Abhängigkeit von der Ausbildung folgendes Einkommen (zum Einkommen werden gezählt: Lohn, Prämie, Rente, Nebenerwerbseinkommen, Transferleistungen von Auslandsverwandten in *Yuan* pro Monat):

Abbildung 43:[162] **Abhängigkeit des Einkommens vom Ausbildungsniveau in der staatlichen Industrie 1986**

Ausbildung	k. Eink.	< 70	71-100	101-150	> 151
Hochschule	8,87	11,73	31,29	36,32	11,79
obere Mittel	10,79	30,83	32,34	20,73	5,31
untere Mittel	8,98	29,06	35,01	21,74	5,21
Grundschule	11,16	29,35	31,93	23,15	4,41
Analphabet	45,03	31,27	14,59	7,79	1,32

So kann die Migration für viele besser ausgebildete Migranten auch den Schlüssel zu einem eigenständigen Haushalt bilden, der für sie, blieben sie auf dem Land, für einen längeren Zeitraum verwehrt wäre. Dennoch hat sich nicht für alle Migranten mit der Migration auch ihr Produzentenstatus geändert; Ma Xia[163] führt für verschiedene Stadttypen eine Aufstellung über den Anteil der Bauern an, der trotz Migration Bauer geblieben ist:

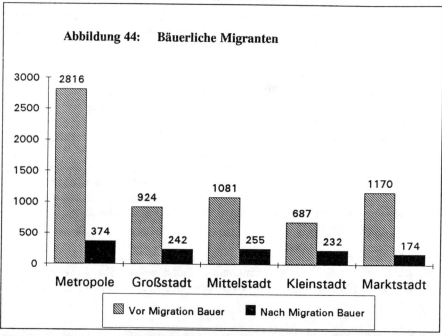

Abbildung 44: Bäuerliche Migranten

Fazit

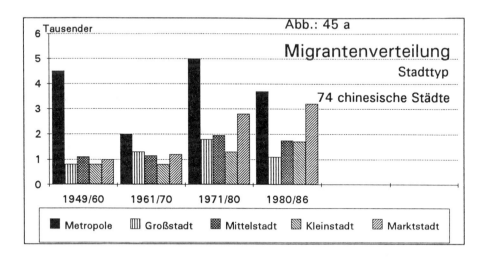

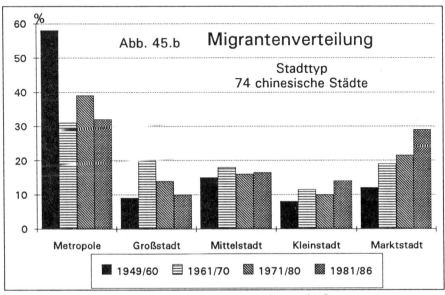

Fazit

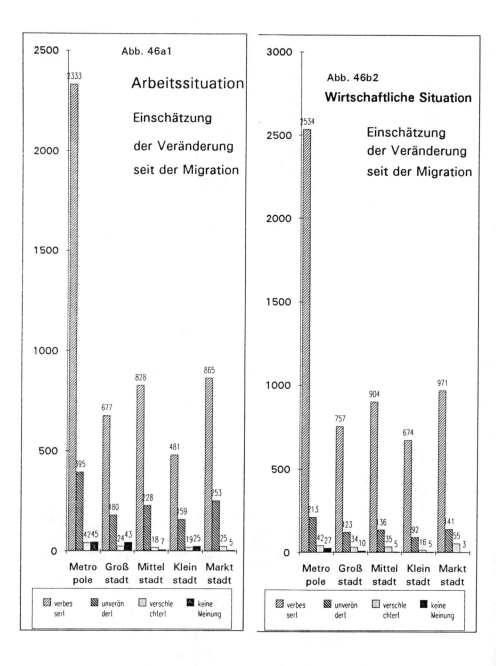

Fazit

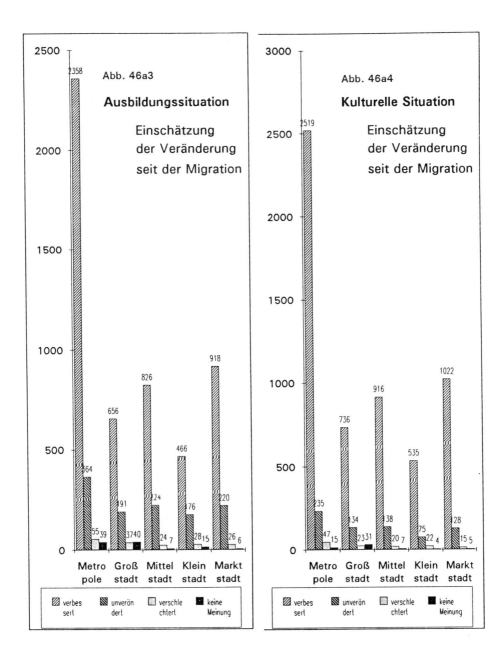

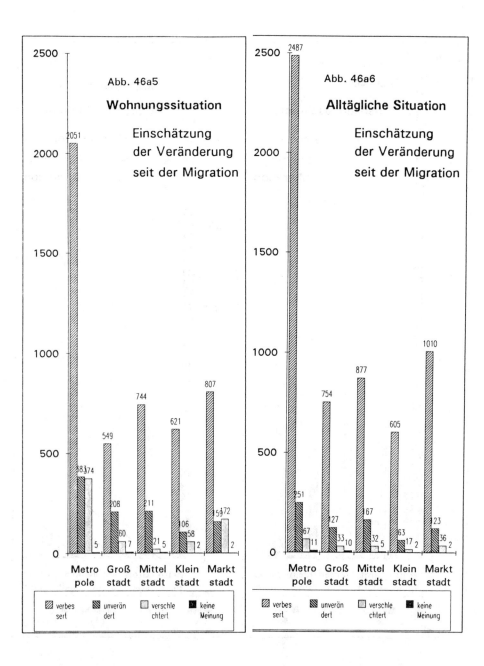

Fazit

Die Zuwanderungsraten an der Gesamtbevölkerung sind je nach Stadttyp verschieden; Ma Xia und Wang Weizhi[164] sprechen für die Zeit von 1949 bis 1986 in den Metropolen von 32,66% der Gesamtbevölkerung, die zugewandert sind; in den Großstädten sind 46,50% Migranten, in den Mittelstädten 34,01%, den Kleinstädten 38,95% und den Marktstädten 44,71%.

Bis Mitte der achtziger Jahre äußerten sich die meisten Migranten unabhängig vom Zuzugsort mit den vorgefundenen Bedingungen zufrieden.

Obwohl starke Restriktionen in der Zuwanderungspolitik betrieben worden waren, sprechen die absoluten Zahlen für einen Hang zur Großstadt; zwar gelang es der restriktiven Politik zu Beginn der achtziger Jahre, den Trend so zu beeinflußen, daß ein größerer Teil der ländlichen Migranten mit Beginn der Selbstversorgungspolitik - *zili kouliang* - anfangs in die Marktstädte zog. Doch bald zeigte sich, daß bei wachsender Einkommensschere zwischen Stadt und Land und der Tendenz, daß in den großen Städten mehr zu verdienen ist,[167] wieder mehr Menschen in die Metropolen drängten. So kamen allein zum Frühlingsfest 1989 1,83 Millionen Menschen nach Shanghai, von denen zwei Drittel vorhatten, sich in der Stadt eine Bleibe und Arbeit zu suchen.[168] Tian Fang und Zhang Dongliang machen für die seit 1988 rasant zunehmende Migration die zunehmenden Schwierigkeiten der Bauern zur Selbstversorgung aus. Unter den Bedingungen einer veralteten und überfällig gewordenen Planwirtschaft hatten sie keine Möglichkeit zu selbstbestimmtem wirtschaftlichen Handeln gehabt, und nicht zuletzt die Registriergesetze hatten sie in eine Subsistenzwirtschaft gezwungen, die ihnen nunmehr ihr Überleben nicht mehr garantieren konnte. Bei gleichzeitig zunehmenden Schwierigkeiten der ländlichen Verwaltungen, die Zahlungen nach dem Vertragsverantwortungssystem zu leisten, herrscht in bestimmten Gebieten bei den Bauern Zweifel an erfolgreicher Kontinuität der Wirtschaftpolitik. Bei mittlerweile 50 Millionen Migranten in ganz China[169] sprechen sich die Autoren für einen expansiven Ausbau der Landwirtschaft in Gebieten aus, die bisher nicht von Chinesen, sondern von nationalen Minderheiten bewohnt werden; zudem fordern sie den verstärkten Ausbau des internationalen Handels der VR China zur Stärkung der Binnenkonjunktur und zu forciertem industriellen Aufbau. Diese Maßnahmen können ihrer Ansicht nach nur wirken, wenn die Marktkräfte der Wirtschaft gefördert werden und der Handel nicht weiter staatlichen Plänen unterliegt. In ihrem Sinne argumentieren auch Lu Feng und Lu Zhongyuan,[170] die die Auflösung der *danwei* fordern. Ihrer Ansicht nach können die produktiven Kräfte der Unternehmen nur belebt werden, wenn die Betriebe ihre sozialpolitischen Aufgaben zurückschneiden. Denn schon jetzt beträgt der Anteil der Rentner an der Gesamtbelegschaft staatlicher oder kollektiver Betriebe zwischen drei und zehn Prozent; zwar ist er in den staatlichen Betrieben Shanghais derzeit noch der niedrigste im ganzen Land, doch bei der vor allem in Shanghai zunehmenden Alterung der Gesellschaft werden dort die Kosten der Sozialversorgung stark ansteigen. Die chinesische Politik wird sich zunehmend vor das Problem gestellt sehen, die Altersversorgung nicht nur der ländlichen, sondern auch der städtischen Alten neu zu gestalten;[171] denn zum einen gefährdet die Migration der ländlichen Jugend die traditionelle Versorgung der alten Menschen auf dem Land im Verbund der Familie, zum anderen wird sich die Partei- und Staatsführung der Forderung gegenübersehen, die Versorgung der städtischen alten Menschen der Finanzierung produktiver industrieller Arbeitsplätze für die Migranten zu opfern. Neue institutionelle Regelungen zur Versorgung einer zunehmenden Zahl alter Menschen, etwa in Form einer Altersversicherung, werden zwar in Ansätzen diskutiert, Maßnahmen zu ihrer Verwirklichung aber sind bis dato nicht getroffen worden.

Anmerkungen:

1) Liu Hantai (1986), S.109.
2) Ebd.
3) Ebd., S.111.
4) Zhonghua Renmin Gongheguo hukou dengji tiaoli vom 9.1.1958, in: *Zhongguo renkou nianjian 1985*, S.83 ff.
5) Lu Feng (1989), S.73.
6) Vgl. z.B. Nongcun renmin gongshe gongzuo tiaoli xiuzheng cao'an (Revidierter Entwurf über die Bestimmungen der Arbeit der ländlichen Volkskommunen vom 27.September 1962), in: *Nongye zhengce xuexi cailiao*, Beijing 1977, S.376 ff.
7) Ebd., S.389.
8) Vgl. Walder (1988), S.190 ff.
9) Zhang Qingwu (1988), S.55.
10) Vgl. Lu Zhongyuan (1987).
11) Ebd., S.30.
12) Ökonomisierung der Beziehungen meint hier, daß die Organisation der ländlichen Arbeit in erster Linie nicht mehr Gegenstand und Ergebnis politischer Entscheidungen der Kommuneleitung ist, sondern von den ländlichen Haushalten unter den Vertragsbedingungen nach Wirtschaftlichkeitserwägungen vorgenommen wird.
13) Vgl. Guowuyuan guanyu nongmin jinru jizhen luohu wenti de tongzhi, in: *Zhongguo renkou nianjian 1985*, S.90
14) Podsolisation des Bodens (nach Francesca Bray (1986), S.28 f.): Diese wird durch sickerndes Wasser in Verbindung mit organischen Säuren bewirkt, wobei letztere an der Lösung mineralischer Bestandteile des Bodens beteiligt sind und Lehmpartikel lösen, so daß diese in colloider (gallertartiger) Aufschlämmung in tiefere Erdschichten geschwemmt werden. Da beim Reisbau das Feld für einen großen Teil des Jahres überschwemmt wird, wird ein Großteil der Mineralstoffe in tiefere Erdschichten verlagert und diese dann durch den Lehm quasi verleimt; selbst ehemals rote Böden - eisenhaltig - nehmen nach Jahren der Kultivierung die charakteristische graue Färbung an. Der gesamte Prozeß erhält letztlich auch das Wasser klar.
15) Nach Joseph Needham (1984), S.107. Die folgende Darstellung des Anbauzyklus folgt Bray (1986), S.42 f.
16) Vgl. Fei Hsiao Tung, et al. (1986), S.18 ff.
17) Du Wenzhen, Wang Chen (1987), S.23 f.
18) Fei Xiaotong (1987).
19) Tu Lizhong (1987).
20) Beide Tabellen nach Tu Lizhong (1987), S.7.
21) A.a.O., S.8.

22) Zhejiang sheng jijingwei jingji yanjiusuo renkou ketizu (1988), S.45.
23) A.a.O., S.47.
24) A.a.O., S.48.
25) A.a.O., S.49.
26) A.a.O.
27) Zhou Qiren, et al. (1985), S.10 ff.
28) A.a.O., S.10.
29) A.a.O., S.11.
30) A.a.O.
31) Zhejiang sheng nongdiaodui (1987), S.172.
32) A.a.O., S.177.
33) Lou Yue (1987), S.191.
34) A.a.O.
35) Zhejiang sheng jijingwei jingji yanjiusuo renkou ketizu (1988), S.45.
36) Bei der Volkszählung vom 1.Juli 1990 konnten folgende absoluten Wanderungszahlen festgestellt werden: Von den registrierten 41,4 Millionen Einwohnern Zhejiangs macht die Wohnbevölkerung, d.h. die ständig in einem registrierten Zhejianger Haushalt lebende und sich dort ständig aufhaltende Bevölkerung 40,4 Millionen (= 97,49%) aus; 720.322 Personen (= 1,60%) zählen zu denjenigen, die sich seit mehr als einem Jahr an einem bestimmten Ort in Zhejiang aufhalten, ihren registrierten Wohnsitz aber anderswo haben; 58.024 Personen (= 0,14%) zählen zu denjenigen, die seit weniger als einem Jahr an einem bestimmten Ort in Zhejiang wohnen, ihren registrierten Wohnsitz aber anderswo haben; schließlich wurden 316.131 Personen (= 0,76%) festgestellt, die ihren ständigen Wohnsitz schon seit mehr als einem Jahr verlassen und zum Zeitpunkt der Volkszählung keinen festen Wohnsitz haben. Angaben nach *Renmin Ribao* vom 7.11.1990 und 19.12.1990, wobei der absolute Wert derjenigen, die zur dritten Kategorie zählen (weniger als ein Jahr in Zhejiang, vor mehr als einem Jahr vom ursprünglichen Wohnort fortgezogen) von mir kalkuliert wurde.
37) Yang, Goldstein (1990), S.514.
38) A.a.O., S.519 ff, zu Wenzhou und Shaoxing s. S.526.
39) Zhejiang sheng jijingwei jingji yanjiusuo renkou ketizu (1988), S.51.
40) Xu Tianqi, Ye Zhendong (1987), S.37 ff.
41) A.a.O., S.39. Der Volkszählung vom 1.Juli 1990 kann man folgende globale Angaben über das Bildungsniveau der Gesamtbevölkerung Zhejiangs entnehmen: Demnach verfügen nunmehr 484.950 Personen über einen Hochschulabschluß, 12.743.522 Personen über einen Mittelschulabschluß sowie 16.439.202 Personen über einen Grundschulabschluß. Im Zeitraum von 1982 bis 1990 ist der Anteil der Analphabeten von 23,93% auf 17,46% zurückgegangen; 1990 werden noch 7.236.442 Personen als Analphabeten registriert. Die Angaben folgen *Renmin Ribao* vom 21.11.1990.

Anmerkungen 107

42) Siehe Li Diliang, et al. (1988), S.32.
43) A.a.O., S.33.
44) Fei Xiaotong (1986), S.105 ff.
45) Die Volkszählung 1990 ermittelte nach Angaben der *Renmin Ribao* vom 7.11.1990 für die Provinz Jiangsu eine Bevölkerungszahl von 67,06 Millionen Menschen.
46) Gu Jirui (1987), S.24.
47) Zhang Junren, Shi Xunru (1987), S.155.
48) Luo Xiaopeng, et al. (1986), S.193 ff.
49) A.a.O., S.193.
50) A.a.O.
51) Zhang Junren, et al. (1987), S.156.
52) Zhonggong Zheyang xian (1988), S.45.
53) Zhou Junhong (1986), S.27.
54) A.a.O., S.28 f.
55) Yancheng shi jishengwei (1988), S.37.
56) A.a.O., S.37 f.
57) A.a.O., S.38.
58) Fan Jianping (1985), S.20.
59) Zhou Qichang, Du Wenzhen (1986), S.205 ff.
60) Fan Jianping (1985), S.21 f.
61) Die Abbildungen (8a) und (8b) nach Fan Jianping (1985), S.22.
62) Ye Kelin (1987), S.45 ff.
63) A.a.O., S.49 f.
64) Der Unterschied von Bevölkerungs- und Beschäftigungstruktur beruht auf den Unterscheidungen des Registrierungsgesetzes.
65) Globale Angaben über die Wohn- und Wanderbevölkerung der Provinz Jiangsu lassen sich der *Renmin Ribao* vom 19.12.1990 entnehmen: von den registrierten 67,06 Millionen Einwohnern in Jiangsu macht die Wohnbevölkerung, d.h. die ständig in einem registrierten Jiangsuer Haushalt lebende und sich dort ständig aufhaltende Bevölkerung, 65,07 Millionen (= 97,04%) aus; 1.292.837 Personen (= 1,82%) zählen zu denjenigen, die sich seit mehr als einem Jahr an einem bestimmten Ort in Jiangsu aufhalten, ihren registrierten Wohnsitz aber anderswo haben; 73.762 Personen (= 0,11%) zählen zu denjenigen, die seit weniger als einem Jahr an einem bestimmten Ort in Jiangsu wohnen, ihren registrierten Wohnsitz aber anderswo haben (die Zahlen dieser Kategorie wurden von mir kalkuliert); schließlich wurden 679.319 Personen (= 1,01%) festgestellt, die ihren ständigen Wohnsitz schon seit mehr als einem Jahr verlassen und zum Zeitpunkt der Volkszählung keinen festen Wohnsitz haben.
66) Du Wenzhen, Wang Chen (1987), S.25. Weitere Angaben zum Einfluß Shanghais auf die wirtschaftliche Entwicklung in Sunan finden sich in Wu Dasheng, Zou Nongjiang, Ju Futian (1989); besonders die Aufstellung S.11 gibt, wenn auch unspezifiziert, Aufschluß über die Stadt-Land-Beziehung bei der Entwicklung der ländlichen Industrie.

108 Anmerkungen

67) Chen Yi (1987), S.77.
68) Gu Jirui (1987), S.26 f.
69) Jiangsu sheng nongdiaodui (1987), S.198.
70) Dieser Begriff wird von der Untersuchungsgruppe nicht erläutert.
71) A.a.O., S.201.
72) Etwa nach Zhongguo renkou Jiangsu fencong (1987), S.277 ff.
73) A.a.O., S.285. Nach den dort für 1982 zu findenden Angaben sind 17,6% der Haushalte Ein-Generationen-Haushalte - in der Stadt mehr als auf dem Land -, 66,7% sind Zwei-Generationen-Haushalte und 15,7% Drei- und-mehr-Generationen-Haushalte.
74) Jiangsu sheng nongdiaodui (1987), S.212.
75) Zhou Qichang, Du Wenzhen (1986), S.209.
76) Eine Aufstellung zur Entwicklung der ländlichen Industrie in Wuxi findet sich bei Charles E. Greer (1989), S.205.
77) Die vorstehenden Angaben zur Entwicklung im Gebiet Suzhou stammen aus Liu Tian (1987), S.185-188.
78) Shen Bingyu (1987).
79) A.a.O., S.477.
80) A.a.O.
81) A.a.O.
82) Anläßlich der Volkszählung vom 1.Juli 1990 machte die *Renmin Ribao* vom 21.11.1990 für die gesamte Provinz Jiangsu über das Ausbildungsniveau folgende globale Angaben: Demnach verfügen 988.448 Personen über einen Hochschulabschluß, 23.533.880 Personen über einen Mittelschulab- schluß und 23.329.849 Personen über einen Grundschulabschluß; für den Zeitraum zwischen 1982 und 1990 ist der Anteil der Analphabeten an der Gesamtbevölkerung von 26,85% auf 17,23% zurückgegangen. In Jiangsu gibt es noch insgesamt 11, 56 Millionen Analphabeten.
83) Shen Bingyu (1987), S.480.
84) Gu Jirui (1987), S.28.
85) Wuxi shi jihua shengyu weiyuanhui (1988), S.31. Auch alle anderen Anga- ben entstammen dieser Untersuchung.
86) Hu Qi (1987), S.16.
87) Mit Jahreswechsel 1984/85 wurde das Stadtgebiet Shanghais mittels einer Gebietsreform von 232 qkm auf 340 qkm erweitert; die Angaben zur Stadt- struktur stammen von Zheng Guizhen, Chen Yuexin, Gu Donghui (1987).
88) *Renmin Ribao* vom 7.11.1990, S.3.
89) Nach Hu Yanzhao (1987), S. 41 f.
90) A.a.O., S.44.
91) Die Angaben zum Verkehr entstammen der genannten Studie von Zheng Guizhen, et al.
92) A.a.O., S.49.
93) Die Angaben zum Pendlerverkehr bei Zheng Guizhen, et al.; die Angaben zum Mietverkehr bei Liu Minghao, Liu Haifen, Xu Xuexian (1985), S.18 f.

94) Die Angaben zu den Märkten bei Zheng Guizhen, et al., S.49.
95) A.a.O. Die Angaben beziehen sich auf den Juni 1986.
96) Liu Minghao, Liu Haifen, Xu Xuexian (1985), S.17. Um die Satellitenstädte attraktiver zu machen, müßten sie materiell und kulturell besser ausgestattet werden. Tatsächlich sind die Investitionen allerdings in den Ausbau der Kapitalausstattung der Betriebe gegangen, hier vor allem in die Industrieanlagen. Weiterhin gilt, daß für die neu errichtete Industrie der Kapitalaufwand pro Arbeitsplatz ziemlich hoch ist. Wang Guixin (1985) macht zwar keine konkreten Angaben über die Investitionssumme pro Arbeitsplatz, doch läßt sich aus den pauschalen Gesamtangaben schließen, daß trotz Investitionen in Milliardenhöhe die erreichte Entlastung des Stadtzentrums minimal war. Er ist allerdings der Ansicht, daß man diese Investitionen und die relativ moderne Industrie als Basis für eine weiterführende Beschäftigungs- und Ansiedlungspolitik nutzen muß.
97) A.a.O., S.18.
98) A.a.O., S.19 f.
99) Vgl. Wu Li (1985).
100) Yang Shu, Hu Yanzhao (1986), S.19.
101) Nach der vierten Volkszählung vom 1.Juli 1990 hat sich das Ausbildungsniveau wie folgt verschoben: Hochschulabschluß besitzen mittlerweile 871.786 Personen; Mittelschulabschluß besitzen 6.820.934 Personen; Grundschulabschluß besitzen 3.026.293 Personen; zu den Analphabeten zählen 1.472.504 Personen. Danach hat sich die Analphabetenquote zwischen 1982 und 1990 von 14,33% auf 11,04% gesenkt, was wohl hauptsächlich darauf zurückzuführen sein wird, daß in den vergangenen acht Jahren eine große Zahl alter Menschen gestorben sein wird, die nie eine Schulbildung genießen durften. Speziell unter den älteren Frauen in Shanghai ergaben die Volkszählungsergebnisse von 1982 eine hohe Analphabetenrate: von den knapp 1,35 Millionen Analphabetinnen waren mehr als 1,1 Millionen über 45 Jahre alt. (Die 1990er Angaben nach *Renmin Ribao* vom 21.11.1990, die 1982er Angaben sind eigene Berechnungen nach Zhongguo Renkou Shanghai fence, S.339 ff. Die Angaben zu den Analphabetenquoten differieren leicht.)
102) Yang Shu, Hu Yanzhao (1986), S.20.
103) Zhang Rongzhou (1985), S.12.
104) A.a.O., S.13.
105) Nach Shehui-Redaktion (1988), S.12.
106) Shen Yizhen (1986).
107) Li Ruojian (1987), S.43.
108) Fudan daxue (1985), S.29.
109) Fudan daxue (1986), S.1 f.
110) Wang Jufen (1987), S.41.

Anmerkungen

111) Angaben nach *Renmin Ribao* vom 7.11.1991 und 19.12.1990; die absoluten Werte der dritten Kategorie (weniger als ein Jahr in Shanghai, vor mehr als einem Jahr vom ursprünglichen Wohnort fortgezogen) wurden von mir kalkuliert.
112) Nach eigenen Beobachtungen konnte ich aber seit 1987 feststellen, daß bei vielen frisch Verheirateten die Bereitschaft, in den ersten die Stadt umgebenden Neubauring zu ziehen, schnell zunahm, sobald die Gebäude fertiggestellt waren. Vor allem der Druck der jungen Ehefrauen, einen eigenen Haushalt ohne die Aufsicht von Eltern und Schwiegereltern führen zu können, ließ die Akzeptanz dieser Hochhausviertel steigen. Daß sie zudem gut an den Verkehr angebunden waren, steigerte ihre Attraktivität in den Augen junger Ehepaare.
113) Wang Guixin (1985), S.23.
114) A.a.O.
115) Li Likui (1987), S.19.
116) Tian Bingnan (1987), S.166.
117) A.a.O., S.168.
118) Nach *Renmin Ribao* vom 25.6.1989.
119) Zhu Baoshu (1987), S.3.
120) A.a.O., S.1. Zhu Baoshu befragte Ende 1985 130 ländliche Produktionsteams mit insgesamt 1.300 ländlichen Haushalten.
121) A.a.O., S.2. In Shanghai wird seit 1985 die Politik *nongmin zili kouliang, jin zhen luohu* (Die Bauern sorgen selbst für ihr Nahrungsgetreide, sie dürfen sich in den Marktstädten niederlassen) betrieben. Doch die meisten wohnen weiter auf dem Land und pendeln.
122) A.a.O., S.2. Ling Yan (1988) nennt für 1986 eine Gesamtzahl von 2,4 Millionen ländlichen Arbeitskräften; davon betreiben 32,7% Getreide- und Gemüsebau und 3,9% andere landwirtschaftliche Tätigkeiten. 45,8% arbeiten in der ländlichen Industrie, 1,4% transportieren Güter, 3% sind im Baugewerbe, 2,5% in anderen Bereichen des tertiären Sektors tätig; 9,5% sind umgezogen. Für den gleichen Zeitraum gibt er die Zahl der Wanderarbeiter aus Jiangsu, Zhejiang, Anhui und Jiangxi mit 210.000 an, von denen ein Teil in der Landwirtschaft arbeitet.
123) A.a.O., S.3. Welche Auswirkung die Veränderungen der Zusammensetzung der bäuerlichen Arbeitskraft auf die Produktivität der Landwirtschaft hat, läßt sich schwer abschätzen. Ling Yan (1988) gibt den Jahresertrag pro Hektar in Shanghai mit 10,44 Tonnen Getreide an.
124) A.a.O.
125) A.a.O.
126) A.a.O., S.4. Vgl. auch die Angaben bei Zhu Baoshu (1986), S.157. Zhu Baoshu ermittelte, daß mit zunehmender Einkommenshöhe in der Landwirtschaft die Bereitschaft zum Wohnort- und Arbeitsplatzwechsel ab-

nimmt. Auch sind die Armen eher bereit, sich auf das Abenteuer der großen Stadt einzulassen, während die etwas wohlhabendere Landbevölkerung sich nach einem industriellen Arbeitsplatz in der näheren Umgebung umsieht.
127) A.a.O., S.158.
128) Gui Shixun (1986), S.340.
129) Gui Shixun, et al. (1986), S.67 geben Auskunft über die Altersstruktur der alten Menschen im Stadtgebiet.
Abbildung (27) Alte Menschen im Stadtgebiet Shanghai 1985.
130) Gui Shixun (1987), S.31.
131) Alle Angaben a.a.O., S.32 f.
132) A.a.O., S.33; zum Stadtgebiet machen Gui Shixun, et al. (1986), S.69 folgende Angaben (Abbildungen (28a) und (28b):
Abbildung (28a) Ruhestandssituation alter Menschen in Shanghai 1985 im Stadtgebiet.
Abbildung (28b) Einkommensquellen alter Menschen in Shanghai 1985 im Stadtgebiet.
133) A.a.O.
134) A.a.O., S.34 f.
135) A.a.O., S.36. Die Angaben zeigen, daß auch in Shanghai auf dem Land die Kinder für die alten Menschen zu sorgen haben und es subsidiäre Hilfe seitens des Staates oder der Kommunen nur in Ausnahmefällen gibt. Für die Situation in der Stadt finden sich bei Gui Shixun, et al. (1986), S.72 folgende Angaben:
Abbildung (30a) Versorgung alter Menschen in Shanghai 1985 Stadtgebiet Frauen.
Abbildung (30b) Versorgung alter Menschen in Shanghai 1985 Stadtgebiet Männer.
136) A.a.O., S.38.
137) A.a.O.
138) A.a.O., S.40. In der Studie über die alten Menschen 1985 in den städtischen Gebieten Shanghais kommen Gui Shixun, et al. (1986), S.73 zu folgenden Ergebnissen:
Abbildung (31a) Lebenszufriedenheit alter Menschen in Shanghai Stadtgebiet 1985.
Abbildung (31b) Problemkreise alter Menschen in Shanghai Stadtgebiet 1985.
139) Die Abbildungen (32a) und (32b) nach Zhang Kaimin (1987), S.65.
140) A.a.O., S.69.
141) Gui Shixun, et al. (1986), S.68.
142) A.a.O, S.68. Dort wird unter den befragten Frauen ermittelt, daß knapp 50% von ihnen unter 50 Yuan und nur 6% mehr als 100 Yuan im Monat zur Verfügung haben.

143) Zhang Kaimin (1987), S.70.
144) A.a.O., S.69.
145) Die Unterscheidung findet sich mehrfach, doch wird sie niemals kategorial erklärt. Es seien hier nur einige Indizien aufgeführt, nach denen man die Kategorisierung sichten könnte. Erstes Indiz könnte der Sprachgebrauch sein, nach dem Alleinstehende mit Kinderlosen assoziiert werden. Zweites Indiz könnte die auf dem Lande verstärkt zu beobachtetende Tendenz zur Auflösung der Mehrgenerationenhaushalte sein, die durch den Neubau der Häuser möglich wird. Drittes Indiz könnte die zunehmende Migration der jüngeren Landbewohner in die Stadt sein, in deren Verlauf verwitwerte Alte auf dem Land zurückgelassen werden.
146) Angaben nach Zhang Kaimin (1987), S.72.
147) Zhang Kaimin (1987), S.72, gibt an, daß 67,58% der alten Menschen in den Innenstadtgebieten, 70,30% in den städtischen Außenbezirken und nur 45,00% in den ländlichen Außenbezirken sich als geachtet betrachten.
148) Meine eigenen Beobachtungen.
149) Exemplarisch etwa in Qingnian yidai 5/1982, deren Artikel bei Honig und Hershatter (1988), S.266 ff in englischer Übersetzung zu finden ist.
150) A.a.O., S.243-272. Honig und Hershatter (1988) schildern auch einen besonderen Aspekt des städtischen Chauvinismus, der sich in dem "Angebot" einiger Einheiten ausdrückt, den Mutterschaftsurlaub ihrer Arbeiterinnen freiwillig zu verlängern. Was auf den ersten Blick ein attraktives Angebot zu sein scheint, entpuppt sich dann, wenn sich die Frauen weigern, dieses "Angebot" anzunehmen, als ein simples Mittel der Betriebsleitung, den Anteil ihrer weiblichen Beschäftigten und demzufolge die Lohnkosten zu senken. Stimmten die Frauen diesem Lohnverzicht nicht zu und bestanden auf ihrer Beschäftigung, weigerte sich die Betriebsleitung, ihnen leichtere Arbeit zuzuteilen, versagte den Frauen das Stillen ihrer Kinder oder schloß ganz einfach den betriebseigenen Stillraum oder Kindergarten.
151) Emily Honig (1990) schildert in Weiterführung ihrer historischen Studien über Shanghai die für westliche Augen schwer wahrnehmbaren Ungleichheiten in Shanghai. Sie bezieht sich dabei auf die Äußerungen eines jungen Shanghaier Ehepaares über das gesellschaftliche Prestige der Stadtteile südlich und nördlich des Suzhouflusses, die sich bei Zhang Xinxin/Sang Ye (1986) auf den Seiten 535- 540 finden.

Ein weiterer Aspekt der geringen sozialen Durchlässigkeit ist in der Art zu sehen, in der die Chinesen ihre Konflikte regeln. Über die Einwohnerkomitees gibt es die Konfliktregelung quasi als Sozialleistung; nach den Untersuchungen von Wall und Blum (1991) in Nanjing 1988 sehen viele Stadtbewohner die Konfliktregelung als ein Recht an, das sie als Bürger besitzen und das in die Verantwortung des Staates fällt. Andrerseits weisen die Vermittler, ihre autoritär-erzieherischen, auf genauen Kenntnissen aller

Beteiligten fußenden Techniken und Strategien darauf hin, daß sich die Regelung in engen, über mehr als Sichtbekanntschaft hinausgehenden Nachbarschaftsverhältnissen abspielen und es Fremden folglich schwer fallen wird, zu diesen geschlossenen Kreisen Zugang zu finden.

152) Siehe Ma Xia, Wang Weizhi (1988), die an der Auswertung der 1986 durchgeführten Studie teilhaben. Mittlerweile veröffentlichten Wu Huailin und Xia Zekuan (1990) eine, wenn auch methodisch obskure, landesweite Untersuchung, die sie 1988 durchführten. Gegenstand der Untersuchung war die Bevölkerungszahl und die Struktur der bäuerlichen Abwanderung hinsichtlich Zeitdauer der Migration, Alter und Geschlecht der Migranten sowie deren Bildungsniveau. Die Migranten wurden über ihre Migrationsgründe, ihre Zielorte, die dort aufgenommene Beschäftigung und das aus dieser erzielte Einkommen befragt. Allgemein läßt sich folgender Trend ermitteln: von 1980 bis 1988 stieg der Anteil der Wanderbevölkerung kontinuierlich an. Auf die Stichprobe bezogen betrug der Anteil der Wanderbevölkerung 1980 16,7%, 1984 26,5%, 1985 31,2%, 1986 38,2%, 1987 41,3% und 1988 42,3% (die Angaben bei Wu und Xia (1990), S.61). Der Anteil derer, die weniger als ein Jahr ihr Dorf verließen, um anderweitig zu arbeiten, stieg im Zeitraum von 1980 bis 1988 von 43,2% auf 47,3%, wobei sich der Trend ab 1987 aber wieder umzukehren scheint (a.a.O., S.62). Von 1980 auf 1988 stieg die Rate der Frauen an der Wanderbevölkerung von 15,8% auf 24,6%, der Anteil der jungen Leute zwischen 15 und 34 Jahre stieg von 1980 56,5% auf 1988 64,8%; das Ausbildungsniveau der ländlichen Migranten allerdings bleibt über die Jahre recht konstant. Die Migrationsentscheidung wird von den meisten mit dem niedrigen ländlichen Einkommen bzw. den Erwartungen auf ein höheres Einkommen am Zielort begründet. Als Zielort gewinnt zunehmend eine näherliegende Gemeinde, in der sich die ländliche Industrie entwickelt hat, an Bedeutung; dies drückt sich deutlich in der gegenläufigen Bewegung zweier Raten aus: Während der Anteil derer, die Saison- oder Vertragsarbeit leisten, von 1980 20,7% auf 1988 27,9% stieg, fiel der Anteil derer, die migrierten, um eine qualifizierte Arbeit zu erlernen, von 1980 30,9% auf 1988 19,9% (a.a.O., S.70).

153) Die kommunistische Fabrik ist kein rein ökonomisches Unternehmen im kapitalistischen Sinn. Die Arbeit trägt in ihr vielmehr in mancherlei Hinsicht eher Züge fixen denn variablen Kapitals, denn sie ist kein Produktionsfaktor, der vom Betrieb einfach getrennt werden kann.

154) Zou Nongjian (1987), S.14.

155) Die kollektiven Betriebe sind im allgemeinen schlecht mit Kapital ausgestattet, verarbeiten meist örtliche Ressourcen und schwanken in Effizienz und Betriebsumfang. Ihre Produktivität ist niedrig und beträgt nur ein Drittel bis ein Viertel der Produktivität der Betriebe des staatlichen Sektors; denn häufig beruht ihre technische Ausstattung auf dem Ausschuß von Betrieben in der Stadt.

156) Charles E. Greer (1989), S.205, gibt für die Entwicklung der ländlichen Industrie im Bezirk Wuxi zwischen 1970 und 1987 folgende Tendenzen an: Bei einer Zunahme der Bevölkerung um 13% stieg die Gesamtzahl der Arbeitskräfte um 26%, während in der Landwirtschaft die Zahl der Arbeitskräfte gleichzeitig um gut zwei Drittel zurückging. Ihr Einkommen hat sich verzehnfacht, und das, obwohl der Wert ihrer Erzeugnisse sich nur verdoppelt hat. Entscheidend aber hat sich das Verhältnis von landwirtschaftlich und industriell erzeugten Gütern verändert; der Wert der industriell erzeugten Güter hat sich mehr als versechzigfacht, wobei der Hauptanteil des Wertzuwachses zwischen 1983 und 1987 erzielt wurde.
157) So zumindest die Thesen von Zhang Lin und Guo Ming (1989), die aber von vielen anderen chinesischen Autoren geteilt wird und sich auch in der regionalen Presse vielfach wiederfindet.
158) So Chen Yanxin und Peng Zhan (1989) in ihrer Kontroverse mit Han Jun (1988), wo sie darauf hinweisen, daß bei zunehmender Verstädterung und Industrialisierung nicht nur ein Bedarf an Getreide und anderen Grundnahrungsmitteln entsteht, sondern auch die Nachfrage nach landwirtschaftlichen Nebenprodukten - unter dieser Bezeichnung werden meist Gemüse, Obst und Tee, aber auch Schweine- und Kleintierzucht geführt - sowie landwirtschaftlichen Produkten für die industrielle Weiterverarbeitung entsteht.
159) Dem scheinen die Ergebnisse von Wu Huailian und Xia Zekuan (1990) auf den ersten Blick zu widersprechen, doch bieten die beiden Autoren keine Korrelationswerte zwischen Geschlecht, Ausbildungsstand, Alter der Migranten und ihren Zielorten samt Beschäftigungsbereich. Die Aussagen bei Yang und Goldstein (1990), die Zielorte und dort gegebene Arbeitsmöglichkeiten unterscheiden, lassen eine solche Aussage jedenfalls zu.
160) Die Abbildungen (40a) und (40b) nach Ma Xia, Wang Weizhi (1988), S.4.
161) Vgl. etwa Walder (1988), S.195 ff.
162) Sha Jicai, Chen Guangbi (1988), S.34.
163) Ma Xia (1987), S.9.
164) Ma Xia, Wang Weizhi (1988), S.2.
165) Die Abbildungen (43a) und (43b) nach: a.a.O., S.4.
166) Die Abbildungen (44a) bis (44f) nach Ma Xia (1987), S.11.
167) Chen Yuguang (1988), S.22. Und Gao Xiaosu, Zhao Jie (1989) geben an, daß allein zum Frühlingsfest 1989 mehrere Millionen Bauern das Land verlassen haben, um in den großen Städten Arbeit zu finden. Diese Menschen sind meist unter 25 Jahre alt, haben eine vergleichsweise gute Ausbildung und sind männlich. Auf dem Land haben sie keine Möglichkeit, eine befriedigende Arbeit zu finden; und sie seien meist nicht die ersten in ihrem Dorf, die gegangen seien, um anderswo Arbeit zu finden. Vor allem dann, wenn aufgrund ihres Herauswachsens aus der Familie die Frage nach

eigenem Land auftaucht, das sie und ihre künftige Familie ernähren kann, zeigt sich, daß die Bedingungen auf dem Land den jungen Menschen keine Perspektive für eine eigene Lebensplanung auf der Basis von Landwirtschaft bieten.

168) Tian Fang, Zhang Dongliang (1989), S.21.
169) A.a.O., S.24.
170) Lu Feng (1989), S.73 ff. und Lu Zhongyuan (1987), S.30 ff.
171) Der *Renmin Ribao* vom 31.10.1990 kann man entnehmen, daß die durchschnittliche Familiengröße in der VR China zwischen der dritten Volkszählung 1982 und der vierten Volkszählung vom 1.Juli 1990 von 4,41 Personen auf 3,96 Personen zurückgegangen ist. *Zhongguo renkou nianjian 1985* (1986), S.597 gibt für 1982 anhand der dritten Zensuszahlen eine Zahl von 221,16 Millionen Haushalten mit insgesamt 1,01 Milliarden Menschen an, aus der sich eine durchschnittliche Haushaltsgröße von 4,56 Personen errechnen läßt; vergleicht man diese Angaben mit denen aus der *Renmin Ribao* vom 31.10.1990, der man eine Zahl von 276,95 Millionen Haushalten entnehmen kann, so errechnet sich für den Zeitraum von 1982 bis 1990 ein Zuwachs bei der Anzahl der Haushalte von 55,79 Millionen. Rein numerisch ergibt sich, daß ein Fünftel der Haushalte, die 1990 registriert sind, 1982 noch nicht existierten. Da die Gesamtbevölkerung Chinas zwischen 1982 und 1990 um 12,45% stieg, erklärt sich die Familienverkleinerung zum wesentlichen durch Haushaltsneugründung, eine Erklärung, die durch den Bauboom in Stadt und Land evident wird.

Literatur in chinesischer Sprache:

Anhui daxue renkou yanjiusuo (Institut für Demographie der Universität der Provinz Anhui): "Hefei shi dusheng zinü jiating zhuizong diaocha" (Anschlußuntersuchung der Einkindhaushalte in Hefei), in: *Zhongguo renkou kexue* 1/1988, Beijing 1988, S.43-51

Bai Nansheng: "Shanghai shiqu jumin de xiaofei shuiping yu xiaofei jiegou" (Konsumniveau und Konsumstruktur der Bewohner der städtischen Bezirke Shanghais), in: *Nongcun, Jingji, Shehui* Bd,4, Beijing 1986, S.200-220

Chang Yanying: "Da li fazhan nongcun shangpin shengchan shi shixian nongye renkou zhuanyi de genben tujing" (Die Entwicklung der ländlichen Warenproduktion als wesentlicher Beitrag zum Beschäftigungswandel der ländlichen Bevölkerung), in: *Fuyin baokan ziliao (Renkouxue)* 2/1986, Beijing 1986, S.51-54

Changzhou shi laodongxue hui (Institut für Ergonomie der Stadt Changzhou): "Weirao chengshi jingji tizhi gaige zuohao renkou jiuye gongzuo" (Wirtschaftsreform in der Stadt und die Beschäftigungsfrage), in: *Jingji tizhi gaige zhong de renkou yu jiuye wenti yanjiu*, Beijing 1987, S.195-202

Chen Yanxin, Peng Zhan: "Cong jianye jingying dao zhuanyehua: Zhongguo nongmin jingying xingshi de zhuanhuan" (Vom Doppelerwerb zur Spezialisierung: Der Wandel in der Wirtschaftsführung der chinesischen Bauern), in: *Jingji yanjiu* 12/1989, Beijing 1989, S.50-53

Chen Yi: "Nongcun laodongli zhuanyi xin qushi he mubiao moshi de xuanze" (Neue Tendenzen und Zielformen der Mobilität ländlicher Arbeitskräfte), in: *Jingji yanjiu* 10/1987, Beijing 1987, S.77-80

Chen Yuguang: "Lun gongjizhi yuexing laodong shichang yu woguo chengzhen renkou qianyi wenti" (Angebotsbeschränkter Arbeitsmarkt und Beschäftigungswechsel der städtischen Bevölkerung), in: *Renkou yu jingji* 3/1988, Beijing 1988, S.17-22

Cheng Fenggao: "Anhui renkou xiankuang de chubu fenxi" (Analyse der Bevölkerungssituation in Anhui), in: *Renkou* 1/1985, Shanghai 1985, S.16-19

"Chengshi hukou guanli zanxing tiaoli" (Provisorische Bestimmungen über die Verwaltung der städtischen Haushaltsregistrierung) (16.Juli 1951), in: *Zhongguo renkou nianjian 1985*, Beijing 1986, S.79 f.

Cui Qinglin: "Cheng xiang xietiao fazhan yu nongcun renkou liuxiang" (Die Koordination von städtischer und ländlicher Entwicklung und die Mobilität der ländlichen Bevölkerung), in: *Fuyin baokan ziliao (Renkouxue)* 2/1986, Beijing 1986, S.55-58

Deng Yiming: "Shi lun woguo bu tong leixing diqu nongcun laodongli de shengyu ji zhuanyi" (Überschuß und Beschäftigungswandel ländlicher Arbeitskräfte in verschiedenen Regionen Chinas), in: *Fuyin baokan ziliao (Renkouxue)* 1/1986, Beijing 1986, S.82-86

Dong Yongnian: "Jiaqiang jihua shengyu jiceng guanli, jin yi bu yange kongzhi renkou zengzhang" (Die Verwaltung der Familienplanung an der Basis zur strikten Kontrolle weiteren Bevölkerungswachstums stärken), in: *Renkou yanjiu* 1/1988, Beijing 1988, S.51-53

Du Wenzhen, Wang Chen: "Lun xiao chengzhen fazhan de shuangchong yilai he shuangchong fanbu" (Interdependenz und Interaktion von Marktstadt- und Stadtentwicklung), in: *Zhongguo renkou kexue* 3/1987, Beijing 1987, S.23-28

Fan Jianping: "Nongcun laodongli liudong wenti chu tan" (Mobilität ländlicher Arbeitskräfte), in: *Fuyin baokan ziliao (Renkouxue)* 8/1985, Beijing 1985, S.19-23

Fang Wenguo: "Liudong renkou de jihua shengyu guanli wenti" (Probleme bei der Geburtenplanung der Migrantenbevölkerung), in: *Jingji tizhi gaige zhong de renkou yu jiuye wenti yanjiu*, Beijing 1987, S.68-73

Fei Xiaotong: "Xiao shangpin, da shichang" (Kleine Waren, großer Markt), in: *Fuyin baokan ziliao (Shehuixue)* 4/1986, Beijing 1986, S.105-114

Fei Xiaotong: "Jiangcun wushi nian" (50 Jahre Jiangcun), in: *Fuyin baokan ziliao (Shehuixue)* 1/1987, Beijing 1987, S.89-96

Gao Xiaosu, Zhao Jie: "Guanyu 'mangliu' de diaocha baogao" (Forschungsbericht über "Vagabundismus"), in: *Jingji yanjiu cankao ziliao* Nr.167, Beijing 1989, S.14-20

Gao Zhenmin: "Woguo nongcun renkou zhuanhua yu weilai chengzhen fazhan qushi de zongti shexiang" (Die Veränderungen der ländlichen Bevölkerung und die voraussichtliche städtische Entwicklung), in: *Renkou* 4/1986, Shanghai 1986, S.6-10

"Gonganbu guanyu chengzhen zanzhu renkou guanli de zanxing guiding" (Vorläufige Bestimmungen des Ministeriums für öffentliche Sicherheit über die Verwaltung der sich vorübergehend in Städten aufhaltenden Bevölkerung) (13.Juli 1985), in: *Zhongguo renkou nianjian* 1987, Beijing 1987, S.8 f.

Gu Jirui: "Xiangzhen qiye dui nongye renkou zhuanyi de yingxiang he zuoyong" (Der Einfluß der ländlichen Industrie auf den Beschäftigungswandel der Landbevölkerung), in: *Renkou* 1/1987, Shanghai 1987, S.24-28

Gui Shixun: "Shanghai shi renkou laolinghua yu jihua shengyu" (Die Alterung der Shanghaier Bevölkerung und die Geburtenplanung), in: *Di si ci quan guo renkou kexue taolunhui lunwen xuanji*, Beijing 1986, S.340-347

Gui Shixun: "Shanghai jiaoxian nongcun laoling renkou shanyang zhuangkuang ji jianyi" (Situation und Einschätzung des Lebensunterhalts alter Menschen in Shanghais ländlichen Außenbezirken), in: *Zhongguo renkou kexue* 2/1987, Beijing 1987, S.31-40

Gui Shixun, Li Likui, Shen Zhining, Di Juxin, Gu Xuanzhong, Chen Yangming, Qian Fang: "Shanghai shiqu laoling renkou jiben zhuangkuang he yiyuan de fenxi" (Shanghais ältere städtische Bevölkerung - Grundsätzliche Lage und Bewertung), in: *Fuyin baokan ziliao (Renkouxue)* 4/1986, Beijing 1986, S.67-74

Guo Shenyang: "Jiating renkou touzi ji qi dui renkou guocheng de yingxiang, Zhejiang sheng Jiande, Changshan liang xian diaocha" (Investitionen privater Haushalte und ihr Einfluß auf die Bevölkerungsentwicklung, Eine Untersuchung in den Bezirken Jiande und Changshan, Provinz Zhejiang), in: *Renkou* 1/1985, Shanghai 1985, S.20-24

Guo Zhigang: "Yunyong huzhulü zhibiao dui Wuxi shi he Wuxi xian jiatinghu ziliao de fenxi" (Die Analyse von Familiendaten in der Stadt Wuxi und im Kreis Wuxi mittels der Familienoberhauptrate), in: *Renkou yanjiu* 2/1988, Beijing 1988, S.21-27

Guojia tongjiju chengshi chouyang diaocha zongdui (Forschungsgruppe des staatlichen Statistikbüros) (Hrsg.): *"Liu wu" qijian woguo chengzhen jumin jiating shouzhi diaocha ziliao* (Einnahmen und Ausgaben städtischer Familien während der Periode des sechsten Fünfjahrplans), Beijing 1988

"Guowuyuan guanyu jianli jingchang hukou dengji zhidu de zhishi" (Weisung des Staatsrates zur Errichtung eines regulären Haushaltregistriersystems) (9.Juni 1955), in: *Zhongguo renkou nianjian 1985*, Beijing 1986, S.81 f.

"Guowuyuan guanyu nongmin jinru jizhen luohu wenti de tongzhi" (Bekanntmachung des Staatsrats betreffs der Niederlassung von Bauern in Marktflecken) (13.Oktober 1984), in: *Zhongguo renkou nianjian 1985*, Beijing 1986, S.90

Han Changxian: "Zhejiang sheng renkou jiating jiegou fenxi" (Analyse der Familienstruktur in der Provinz Zhejiang), in: *Renkou* 2/1986, Shanghai 1986, S.24-27

Han Jun: "Woguo nonghu jianyehua wenti tanxi" (Ländliche Doppelerwerbshaushalte), in: *Jingji yanjiu* 4/1988, Beijing 1988, S.38-42

Hu Huanyong: "Shanghai Nanhui qu de renkou midu yu jihua shengyu" (Bevölkerungsdichte in Bezirk Nanhui/Shanghai und Geburtenplanung), in: Hu Huanyong (Hrsg.): *Renkou yanjiu lunwen ji* Bd.3, Shanghai 1985, S.242-245

Hu Huanyong, Hu Chongqing: "Anhui sheng de renkou yu guo tu jingji" (Bevölkerung und nationale Landwirtschaft in der Provinz Anhui), in: *Renkou* 4/1987, Shanghai 1987, S.1-5

Hu Huanyong, Yan Zhengyuan: "Ren duo di shao shi Shanghai shi chengshi zongti guihua de zhongyao yiju" (Zuviele Leute und zuwenig Platz - ein Grundmuster für Shanghais Stadtplanung), in: Hu Huanyong (Hrsg.): *Renkou yanjiu lunwen ji* Bd.2, Shanghai 1983, S.58-66

Hu Qi: "Shanghai chengshi renkou guimo yu heli fenbu wenti" (Größe und rationale Verteilung der städtischen Bevölkerung Shanghais), in: *Renkou* 4/1987, Shanghai 1987, S.16-20

Hu Yanzhao: "Shanghai chengshi renkou buju xiankuang he tedian" (Verteilung und Besonderheiten der städtischen Bevölkerung Shanghais), in: *Renkou* 2/1987, Shanghai 1987, S.41-44

Hua Liyun: "Shi lun jihua shengyu guanli ganbu de suzhi" (Über die Qualität der Kader für Geburtenkontrolle), in: *Renkou* 4/1987, Shanghai 1987, S.45-48

Jia Xiusong: "Kaifaxing renkou qianyi jian xi" (Gebietserschließung und Bevölkerungsmobilität), in: *Fuyin baokan ziliao (Renkouxue)* 2/1986, Beijing 1986, S.59-62

Jiang Shirong, Lü Gengzuo, Huang Shiqiu: "Qian tan tan tu kaifa zhong de yimin wenti" (Das Bevölkerungsproblem bei der Nutzbarmachung der Schwemmgebiete), in: *Renkou yanjiu* 2/1988, Beijing 1988, S.43-46

Jiangsu sheng nongdiaodui (Landwirtschaftsuntersuchungsgruppe der Provinz Jiangsu): "Jiangsu nongmin shouru jiegou ji qi biandong qushi" (Die Struktur und Veränderungstendenz des bäuerlichen Einkommens in Jiangsu), in: *Zhongguo nongmin shouru yanjiu*, Taiyuan 1987, S.198-213

Jie Zengming, Zhong Sheng: "Anhui nongcun shengyu laodongli zhuanyi de tantao" (Beschäftigungswandel der ländlichen Überschußbevölkerung Anhuis), in: *Jingji tizhi gaige zhong de renkou yu jiuye wenti yanjiu*, Beijing 1987, S.274-282

Kang Jiusheng: "Nongye laodongli zhuanyi yu nongcun renkou chengzhenhua" (Der Beschäftigungswandel der landwirtschaftlichen Arbeitskräfte und die Verstädterung der Bevölkerung), in: *Renkou* 2/1985, Shanghai 1985, S.18-21

Li Bin: "Jingji fada diqu geng ying zhongshi renkou zhili kaifa, Zhejiang Jia, Hu liang di zhili kaifa zhuangkuang diaocha" (Die Bedeutung des human capital in den wirtschaftlich entwickelten Regionen, Untersuchung in Jiaxing und Huzhou, Provinz Zhejiang), in: *Renkou* 3/1985, Shanghai 1985, S.8-11

Li Chen, Liu Jiannong: "Woguo laodong jiuye de chengjiu yu qianying" (Erfolge und Aussichten der Beschäftigungsverhältnisse in China), in: *Zhongguo renkou nianjian 1987*, Beijing 1987, S.107-110

Li Defu: "Nongye renkou de chanye zhuanyi yu chengshihua" (Beschäftigungswechsel und Verstädterung der landwirtschaftlichen Bevölkerung), in: *Jingji tizhi gaige zhong de renkou yu jiuye wenti yanjiu*, Beijing 1987, S.311-319

Li Diliang, Wu Chongyuan, Liu Huabiao: "Wenzhou nongye laodongli de zhuanyi he duice" (Mobilität der ländlichen Arbeitskräfte in Wenzhou und Gegenmaßnahmen), in: *Renkou yanjiu* 2/1988, Beijing 1988, S.32-37

Li Likui: "Shanghai jiaoqu wunong laoren yanglao baozhang de xiankuang he yiyuan" (Die Altersversorgung der landwirtschaftlichen Bevölkerung in Shanghais Außenbezirken - Situation und Wünsche), in: *Renkou* 1/1987, Shanghai 1987, S.16-20

Li Ruojian: "Shanghai shi renkou liuqian chutan" (Über Bevölkerungsbewegung in Shanghai), in: *Renkou* 4/1987, Shanghai 1987, S.43-45

Li Xia: "Chu lun nongye zhuanyehu jingying guimo xiaoxinghua de fazhan he guimo piaoyi de tigao" (Optimale Betriebsgröße bei spezialisierten Haushalten), in: *Fuyin baokan ziliao (Nongye jingji)* 12/1987, Beijing 1987, S.85-89

Lin Danyu: "Shanghai shi Minhang (qu) renkou de tongji fenxi he fazhan shexiang" (Statistische Analyse der Bevölkerung von Minhang/Shanghai und Diskussion der möglichen Entwicklung), in: Hu Huanyong (Hrsg.): *Renkou yanjiu lunwen ji* Bd.3, Shanghai 1985, S.332-345

Lin Zili: *Lun lianchan chengbaozhi, Jianlun juyou Zhongguo tese de shehuizhuyi nongye fazhan daolu* (Vertragsverantwortungssysteme, Über den besonderen chinesischen Weg der sozialistischen Entwicklung der Landwirtschaft), Shanghai 1983

Ling Yan: Fada diqu yu shehuizhuyi chuji jieduan, Jianlun Shanghai nongcun jingji de fazhan yu gaige (Entwickelte Gebiete und die erste Phase des Sozialismus - Wirtschaftsentwicklung und -reform der Agrarökonomie Shanghais), Hektographie Shanghai shehui kexueyuan, Shanghai 1988

Liu Hantai: "Zhongguo de qigai qunluo" (Chinas Bettlergesellschaft), in: *Fuyin baokan ziliao (Shehuixue)* 6/1986, Beijing 1986, S.102-113

Liu Hongli, Wu Hai: *Nongye shengchan zerenzhi* (Landwirtschaftliche Vertragsverantwortungssysteme), Shanghai 1981

Liu Huifen: "Guanyu Shanghai shi fazhan di san chanye wenti" (Probleme der Entwicklung des tertiären Sektors in Shanghai), in: *Renkou* 1/1986, Shanghai 1986, S.30-32

Liu Minghao, Liu Haifen, Xu Xuexian: "Shanghai shi weixingcheng yu renkou wenti" (Bevölkerungsprobleme der Satellitenstädte Shanghais), in: *Renkou* 3/1985, Shanghai 1985, S.17-20

Liu Minghao, Zhou Zugen: "Cong 1% renkou chouyang diaocha kan Shanghai de renkou wenti" (Die Bevölkerungsprobleme Shanghais aus der Sicht einer einprozentigen Stichprobe), in: *Renkou* 1/1988, Shanghai 1988, S.34

Liu Tian: "Jingji fada diqu jiti jilei shui jian de fansi" (Der Rückgang der Investitionssteuern in wirtschaftlich entwickelten Gebieten), in: *Fuyin baokan ziliao (Nongye jingji)* 12/1987, Beijing 1987, S.185-188

Liu Xian: "Shanghai shi shengyu yiyuan he shouru shuiping de neizai jizhi fenxi" (Analyse der Beziehung von Kinderwunsch und Einkommensniveau in Shanghai), in: *Renkou* 3/1985, Shanghai 1985, S.21-25

Lou Yue: "Zhejiang sheng nongmin shouru chaju helihua wenti chutan" (Probleme der Einkommensdifferenzen der Bauern in der Provinz Zhejiang), in: *Zhongguo nongmin shouru yanjiu*, Taiyuan 1987, S.188-197

Lu Feng: "Danwei - Yi zhong teshu de shehui zuzhi xingshi" (Die Einheit - Eine besondere soziale Organisationsform), in: *Zhongguo shehui kexue* 1/1989, Beijing 1989, S.71-88

Lu Jian: "Xiandaihua yu nongcun fanzui" (Modernisierung und ländliche Kriminalität), in: *Shehui* 4/1988, Shanghai 1988, S.28 f.

Lu Shen: "Guanyu Shanghai jiaoqu nongmin xin zeng laodongli ji ge wenti de chubu fenxi" (Analyse des Anwachsens ländlicher Arbeitskräfte in Shanghais Außenbezirken), in: *Renkou* 3/1987, Shanghai 1987, S.41-45

Lu Yu: "Nongmin jin zhen dui renkou zhiliang de yingxiang" (Der Einfluß der Stadtwanderung auf den Ausbildungsstand der ländlichen Bevölkerung), in: *Renkou* 2/1986, Shanghai 1986, S.21-23

Lu Zhongyuan: "Shehui baozhang de biange: Yingjie jingzheng he laolinghua de shehui" (Wandel der Sozialversicherung: Konkurrenz und Alterungsprozeß der Gesellschaft), in: *Fuyin baokan ziliao (Renkouxue)* 1/1987, Beijing 1987, S.28-30

Luo Ruiqing: "Guanyu Zhonghua Renmin Gongheguo hukou dengji tiaoli cao'an de shuoming" (Erläuterungen zum Entwurf der Bestimmungen über die Haushaltsregistrierung der Volksrepublik China) (9.Januar 1958), in: *Zhongguo renkou nianjian 1985*, Beijing 1986, S.86-89

Luo Xiaopeng, Liu Hong, Gao Xiaomeng: "Cong jingji fada diqu kan liangquan xiafang de biyaoxing" (Die Notwendigkeit der Kompetenzabtretung über die Getreideverwaltung aus dem Blickwinkel wirtschaftlich entwickelter Gebiete), in: *Nongcun. Jingji, Shehui* Bd.4, Beijing 1986, S.193-199

Ma Shuluan: "Woguo chengshi renkou chanye jiegou fenxi" (Analyse der Beschäftigungsstruktur der chinesischen Stadtbevölkerung), in: *Renkou* 1/1987, Shanghai 1987, S.1-5

Ma Shuluan, Xia Haiyong: "Jiangsu sheng 'liu wu' qijian renkou zongshu" (Zusammenfassende Darstellung der Situation der Bevölkerung in der Provinz Jiangsu während des sechsten Fünfjahrplans), in: *Zhongguo renkou nianjian 1987*, Beijing 1987, S.239-241

Ma Xia: "Dangdai Zhongguo nongcun renkou xiang chengzhen de da qianyi" (Die Land-Stadt Migration im gegenwärtigen China), in: *Zhongguo renkou kexue* 3/1987, Beijing 1987, S.2-14

Ma Xia, Wang Weizhi: "Zhongguo chengzhen renkou qianyi yu chengzhenhua yanjiu, Zhongguo 74 chengzhen renkou qianyi diaocha" (Die Migration der chinesischen Stadtbevölkerung und die Erforschung der Verstädterung, Eine Untersuchung in 74 Städten), in: *Renkou yanjiu* 2/1988, Beijing 1988, S.1-7

Mo Fumin: "Woguo laodongli liudong wenti chutan" (Arbeitskräftemobilität in China), in: *Fuyin baokan ziliao (Renkouxue)* 1/1986, Beijing 1986, S.75-81

Nongye zhengce xuexi cailiao (Studienmaterial zur Landwirtschaftspolitik), Beijing 1977

Nongyebu nongcun gongyehua chengshihua ketizu (Arbeitsgruppe ländliche Industrialisierung und Verstädterung des Landwirtschaftsministeriums): "Zhongguo yanhai sheng (shi) nongcun laodongli liyong yi zhuanyi yanjiu beijing cailiao" (Hintergrundmaterial zur Erforschung der Nutzung und des Beschäftigungswandels ländlicher Arbeitskräfte in den Küstenprovinzen), in: *Jingji yanjiu cankao ciliao* Nr.169, Beijing 1989, S.14-22

Pan Jiyi, Chen Jiahua: "Nongye laodongli zhuanyi de yinsu fenxi" (Analyse der Gründe des Beschäftigungswandels ländlicher Arbeitskräfte), in: *Zhongguo renkou nianjian 1987*, Beijing 1987, S.90-94

Pan Jiyi, Dai Xingyi: "Nongye laodongli zhuanyi zhong de liangxing xunhuan, Shanghai shi Chongming xian diaocha" (Positive Auswirkungen der Mobilität landwirtschaftlicher Arbeitskräfte. Eine Untersuchung im Bezirk Chongming/Shanghai), in: *Renkou* 1/1985, Shanghai 1985, S.29-33

Qin Meiqiao: "Shanghai 'renkouquan' de chu tan" (Shanghais Einwohnergürtel), in: *Renkou* 3/1986, Shanghai 1986, S.33-35

Qin Pinduan, Yang Guangrui, Zhao Yugui: "Anhui sheng 'liu wu' qijian renkou zongshu" (Zusammenfassende Darstellung der Situation der Bevölkerung der Provinz Anhui während des sechsten Fünfjahrplans), in: *Zhongguo renkou nianjian 1987*, Beijing 1987, S.244-250

Ren Suhua: "Zhongguo shiliu chengshi he bufen shengqu liudong renkou fenxi" (Analyse der Migration in 16 Städten und Provinzgebieten), in: *Zhongguo renkou nianjian 1987*, Beijing 1987, S.482-485

Ren Suhua: "Woguo chengshi renkou qianyi qingkuang qian xi" (Vorläufige Analyse des Beschäftigungswandels der städtischen Bevölkerung in China), in: *Renkou yanjiu* 3/1988, Beijing 1988, S.19-23

Renmin Ribao 25.6.1989: "Xiangzhen qiye nü gong laodong baohu cha" (Mangelnder Arbeitsschutz bei weiblichen Arbeitskräften in der ländlichen Industrie), Beijing 1989, S.8

Renmin Ribao 31.10.1990: "Guanyu 1990 nian renkou pucha zhuyao shuju de gongbao (Di yi hao)" (Kommuniqué über die wichtigsten Zahlen der Volkszählung 1990 - Nr.1), Beijing 1990, S.3

Renmin Ribao 7.11.1990: "Guanyu 1990 nian renkou pucha zhuyao shuju de gongbao (Di er hao)" (Kommuniqué über die wichtigsten Zahlen der Volkszählung 1990 - Nr.2), Beijing 1990, S.3

Renmin Ribao 14.11.1990: "Guanyu 1990 nian renkou pucha zhuyao shuju de gongbao (Di san hao)" (Kommuniqué über die wichtigsten Zahlen der Volkszählung 1990 - Nr.3), Beijing 1990, S.3

Renmin Ribao 21.11.1990: "Guanyu 1990 nian renkou pucha zhuyao shuju de gongbao (Di si hao)" (Kommuniqué über die wichtigsten Zahlen der Volkszählung 1990 - Nr.4), Beijing 1990, S.3

Renmin Ribao 19.12.1990: "Guanyu 1990 nian renkou pucha zhuyao shuju de gongbao (Di wu hao)" (Kommuniqué über die wichtigsten Zahlen der Volkszählung 1990 - Nr.5), Beijing 1990, S.3

Sha Jicai, Chen Guangbi: "Guanyu yimin de wenhua chengdu yu jingji shouru de fenxi" (Analyse des Bildungsniveaus und des Einkommens der Bevölkerung), in: *Renkou yu jingji* 2/1988, Beijing 1988, S.35-40

Shehui-Redaktion: "Yanjiu chanye shehuixue tai zhongyao le" (Die Wichtigkeit der industriesoziologischen Forschung - Beiträge einer Diskussionsveranstaltung), in: *Shehui* 1/1988, Shanghai 1988, S.11-14

Shen Bingyu: "Nongcun jingji gaige yu nongmin jiezhiguan diaocha" (Untersuchung der wirtschaftlichen Reform auf dem Land und des bäuerlichen Wertewandels), in: *Zhongguo renkou nianjian 1987*, Beijing 1987, S.476-481

Shen Jinhu: "Lun cheng xiang zhi jian laodongli de zhuanyi" (Stadt-Land-Migration von Arbeitskräften), in: *Jingji yanjiu* 2/1988, Beijing 1988, S.71-75

Shen Yizhen: "Qiye de shehui zedan weihe yue lai yue zhong" (Warum steigt die gesellschaftliche Belastung der Unternehmen?), in: *Fuyin baokan ziliao (Shehuixue)* 3/1986, Beijing 1986, S.67-71

Sun Tinghua: "Cong shehuixue de jiaodu kan Shanghai shi renkou de heli fenbu" (Die rationale Verteilung der Stadtbevölkerung Shanghais in soziologischer Sicht), in: *Shehui kexue* 2/1987, Shanghai 1987, S.37-42

Tian Bingnan: "Xian jieduan Shanghai shijiao wugong nongmin dui jiatingchan shouru de yingxiang" (Der Einfluß industrieller Arbeit auf das Familieneinkommen von Bauern in Shanghais Außenbezirken in jüngster Zeit), in: *Zhongguo nongmin shouru yanjiu*, Taiyuan 1987, S.165-171

Tian Fang, Lin Fachang (Hrsg.): *Zhongguo renkou qianyi* (Migration der chinesischen Bevölkerung), Beijing 1986

Tian Fang, Zhang Dongliang: "Renkou qianyi, liudong de jingzhong ji duice" (Warnzeichen und Gegenmaßnahmen gegen Bevölkerungswanderung), in: *Jingji yanjiu cankao ziliao* Nr.167, Beijing 1989, S.21-28

Tong Kai: "Wuxi shiqu renkou de zengzhang yu renkou wenti" (Der Bevölkerungsanstieg in den Stadtbezirken Wuxis und das Bevölkerungsproblem), in: *Renkou yu jingji* 2/1988, Beijing 1988, S.42-45

Tu Lizhong: "Zhongguo chengzhen renkou guimo jiegou wenti" (Verteilungsprobleme der chinesischen Stadtbevölkerung), in: *Renkou* 1/1987, Shanghai 1987, S.6-10

Wang Guixin: "Guanyu Shanghai cheng xiang renkou kuosan jiju wenti de chubu yanjiu" (Bevölkerungsausdehnung und -häufung in Shanghai), in: *Fuyin baokan ziliao (Renkouxue)* 4/1985, Beijing 1985, S.19-25

Wang Guixin: "Shanghai jiaoqu chengzhenhua shuiping diqu fenbu moshi yanjiu" (Verteilungsformen des Urbanitätsgrades in den Shanghaier Außenbezirken), in: *Renkou* 3/1986, Shanghai 1986, S.28-32

Wang Jianmin, Ni Xinxian: "Woguo zaiye renkou chanye goucheng biandong de xin qushi" (Veränderungstendenzen in der Zusammensetzung der beschäftigten Bevölkerung), in: *Renkou* 1/1985, Shanghai 1985, S.12-15

Wang Jin: "Sunan moshi yu Wenzhou moshi" (Die Sunan-Form und die Wenzhou-Form), in: *Fuyin baokan ziliao (Shehuixue)* 3/1986, Beijing 1986, S.118

Wang Jufen: "Woguo teda chengshi liudong renkou cunzai he ju zeng de yuanyin fenxi" (Analyse der Gründe für die Existenz und das Anwachsen der Wanderbevölkerung in Chinas Metropolen), in: *Renkou* 4/1987, Shanghai 1987, S.40-42

Wang Ruizi, Wang Sijun, Li Nanshou, Wang Lu: "Zhejiang sheng 'liu wu' qijian renkou zongshu" (Zusammenfassende Darstellung der Situation der Bevölkerung der Provinz Zhejiang während des sechsten Fünfjahrplans), in: *Zhongguo renkou nianjian 1987*, Beijing 1987, S.241-244

Wang Sigang: "Wailai renkou de kunrao" (Verwirrung bei Immigranten), in: *Shehui* 6/1988, Shanghai 1988, S.16 f.

Wang Sijun, Han Changxian: "Zhongguo jin qi chengshihua sudu he shizhen renkou de fenpei wenti" (Die Geschwindigkeit der Verstädterung und Probleme der städtischen Bevölkerungsverteilung), in: *Fuyin baokan ziliao (Renkouxue)* 2/1986, Beijing 1986, S.67-73

Wang Weizhi: "Zhongguo qishisi shizhen qianyi renkou nianling goucheng de chubu fenxi" (Analyse der Altersverteilung der Wanderbevölkerung in 74 chinesischen Städten), in: *Renkou yu jingji* 3/1988, Beijing 1988, S.11-16

Wang Xiangming: "Nongye shengyu renkou de zhuanyi yu jingji fazhan" (Der Beschäftigungswandel der ländlichen Surplusbevölkerung und die wirtschaftliche Entwicklung), in: *Fuyin baokan ziliao (Renkouxue)* 3/1985, Beijing 1985, S.25-30

Wang Xiangming: "Renkou chengzhenhua de xin qushi" (Neue Tendenzen der Verstädterung der Bevölkerung), in: *Zhongguo renkou nianjian 1987*, Beijing 1987, S.101-103

Wang Xiangming: "Renkou qianyi he liudong dui renkou chengzhenhua jincheng de yingxiang" (Der Einfluß von Mobilität und Migration auf die Verstädterung der Bevölkerung), in: *Renkou yu jingji* 2/1988, Beijing 1988, S.19-24

Wang Xiaoqiang, Bai Nansheng, Liu Chang, Song Lina, Zhao Xiaodong: "Nongcun shangpin shengchan fazhan de xin yunxiang, Wenzhou nongcun ji ge zhuanye shangpin chanxiao jidi de kaocha baogao" (Neue Tendenzen in der Entwicklung der ländlichen Warenproduktion, Untersuchungsbericht über einige spezialisierte Produktions- und Absatzgebiete in Wenzhou), in: *Nongcun, Jingji, Shehui* Bd.3, Beijing 1985, S.69-93

Wang Yixin: "Shi lun jingji tizhi gaige yu renkou chengzhenhua" (Reform der Wirtschaftssystems und Urbanisierung), in: *Fuyin baokan ziliao (Renkouxue)* 4/1985, Beijing 1985, S.15-17

Wu Juanyi: Shehuizhuyi chu jieduan jingji fada diqu nongye shengchan fazhan de tantao (Die Entwicklung der landwirtschaftlichen Produktion in entwickelten Gebieten während der ersten Phase des Sozialismus), Hektographie Shanghai nongxueyuan, Shanghai 1988

Wu Li: "Shanghai Huangpu qu de renkou wenti he jiejue tujing" (Bevölkerungsprobleme und ihre Lösungswege im Bezirk Huangpu/Shanghai), in: Hu Huanyong (Hrsg.): *Renkou yanjiu lunwen ji* Bd.2, Shanghai 1983, S.162-174

Wu Li: "Guanyu Shanghai de 'guzhangbing' he da rongliang wenti de tantao" (Shanghais "Blähungen" und Kapazitätsprobleme), in: *Fuyin baokan ziliao (Renkouxue)* 8/1985, Beijing 1985, S.9-13

Wu Li: "Renkou fenbu yu renkou quhua, Yi Jiangsu sheng Yixing xian wei li" (Bevölkerungsverteilung und Bevölkerungsplanung am Beispiel des Bezirks Yixing in Jiangsu), in: *Renkou* 2/1985, Shanghai 1985, S.31-35

Wu Li, Zhu Baoshu, Cao Wenjun: "Shanghai jiaoqu de hangye, zhiye goucheng yu guosheng nongye laodongli zhuanyi" (Gewerbe- und Berufsstruktur in Shanghais Außenbezirken und der Beschäftigungswandel der ländlichen Überschußbevölkerung), in: Hu Huanyong (Hrsg.): *Renkou yanjiu lunwen ji* Bd.3, Shanghai 1985, S.246-259

Wuxi shi jihua shengyu weiyuanhui (Familienplanungskomitee der Stadt Wuxi): "Guanyu 1832 ming xinniang qingkuang de diaocha" (Untersuchung der Situation 1.832 neuvermählter Bräute), in: *Renkou yanjiu* 3/1988, Beijing 1988, S.30-32

Wu Xiaoying: "Zhongguo nongcun renkou jingji jiegou ji qi zhuanbian yanjiu" (Chinas Landbevölkerung - Erforschung der wirtschaftlichen Struktur und ihrer Veränderung), in: *Fuyin baokan ziliao (Renkouxue)* 4/1986, Beijing 1986, S.33-39

Xie Shirong: "Tansuo shenhua nongye gaige de xin luzi" (Neue Wege der Vertiefung der Reform in der Landwirtschaft), in: *Fuyin baokan ziliao (Nongye jingji)* 12/1987, Beijing 1987, S.61-65

Xu Tianqi, Ye Zhendong: "Chu lun woguo nongye laodongli de zhuanyi" (Der Beschäftigungswandel ländlicher Arbeitskräfte), in: *Renkou* 2/1985, Shanghai 1985, S.6-9

Xu Tianqi, Ye Zhendong: "Nongcun laodongli zhuanyi moshi shitan" (Die Form des Beschäftigungswandels ländlicher Arbeitskräfte), in: *Renkou yu jingji* 2/1987, Beijing 1987, S.37-42

Xu Tianqi, Ye Zhendong: "Lun 'liang qi' renkou - Nongcun laodongli zhuanyi de yi zhong zhongyao xingshi" (Bevölkerung mit zwei Wohnsitzen - Eine wichtige Tendenz beim Beschäftigungswandel der ländlichen Arbeitskräfte), in: *Jingji tizhi gaige zhong de renkou yu jiuye wenti yanjiu*, Beijing 1987, S.255-265

Xue Jianmin: "Woguo nongye shengyu laodongli de zhuanyi yu xiangzhen qiye de zhenxing" (Der Beschäftigungswandel überschüssiger ländlicher Arbeitskräfte und die Entstehung der ländlichen Industrie), in: *Fuyin baokan ziliao (Renkouxue)* 2/1986, Beijing 1986, S.44-50

Yan Ruanzhen, Gong Daoguang, Zhou Zhixiang, Bi Baode: "Zhongguo gongnongye chanpin jiage jiandaocha de xiankuang, fazhan qushi ji duice" (Aktuelle Situation und Entwicklungstendenzen der Preisschere zwischen Industrie- und Landwirtschaftsprodukten und Maßnahmen dagegen), in: *Jingji yanjiu* 2/1990, Beijing 1990, S.64-70

Yan Zhongmin, Nin Yuemin: "Shanghai jiaoqu chengzhenhua qian xi" (Die Verstädterung der Shanghaier Außenbezirke), in: Hu Huanyong (Hrsg.): *Renkou yanjiu lunwen ji* Bd.2, Shanghai 1983, S.65-76

Yang Shu: "Shanghai renkou yu laodongli de bianhua" (Die Veränderung von Shanghais Bevölkerung und Arbeitskräften), in: *Jingji tizhi gaige zhong de renkou yu jiuye wenti yanjiu*, Beijing 1987, S.109-119

Yang Shu, Hu Yanzhao: "Shanghai jiuye renkou yu chanye jiegou de diaocha" (Untersuchung der Beschäftigungsstruktur Shanghais), in: *Renkou* 1/1986, Shanghai 1986, S.18-22

Ye Dayuan: "Wenzhou nongcun xiao chengzhen de fazhan he nongcun renkou de zhuanyi" (Wenzhou: Entwicklung von Land und Kleinstädten und der Beschäftigungswandel der ländlichen Bevölkerung), in: *Fuyin baokan ziliao (Renkouxue)* 2/1987, Beijing 1987, S.42-43

Ye Kelin: "Zong lun jianli Zhongguo tese de jizhen shehuixue" (Zusammenfassender Bericht über die Errichtung einer besonderen chinesischen Stadtsoziologie), in: *Fuyin baokan ziliao (Shehuixue)* 5/1987, Beijing 1987, S.45-55

Yuan Jihui: "Shehui wenti yu shehui kongzhi" (Soziale Probleme und soziale Kontrolle), in: *Shehui kexue* 2/1987, Shanghai 1987, S.33-36

Zhang Junren, Shi Xunru: "Nongye guimo jingying yu tudi shengchanlü" (Betriebsgröße und Produktivität in der Landwirtschaft), in: *Fuyin baokan ziliao (Nongye jingji)* 12/1987, Beijing 1987, S.155-157

Zhang Kaimin: "Chengshihua - Dangqian renkou xin wenti" (Verstädterung - Ein neues Problem der gegenwärtigen Bevölkerung), in: *Renkou* 1/1985, Shanghai 1985, S.41-44

Zhang Kaimin: "1986 nian Shanghai laonian renkou diaocha baogao" (Forschungsbericht über die Situation alter Menschen in Shanghai 1986), in: *Zhongguo renkou kexue* 1/1987, Beijing 1987, S.64-72

Zhang Kaimin: "Shanghai shi 'liu wu' qijian renkou zongshu (Zusammenfassende Darstellung der Situation der Bevölkerung Shanghais während des sechsten Fünfjahrplans), in: *Zhongguo renkou nianjian 1987*, Beijing 1987, S.235-239

Zhang Lin, Guo Ming: "Nongye de guimo jingji yu nongye de guimo jingying" (Wirtschaftsumfang in der Landwirtschaft), in: *Jingji yanjiu* 8/1989, Beijing 1989, S.71-75

Zhang Qingwu: "Guanyu renkou qianyi yu liudong renkou gainian wenti" (Die Begriffe migrierende Bevölkerung und nicht seßhafte Bevölkerung), in: *Renkou yanjiu* 3/1988, Beijing 1988, S.17-18

Zhang Rongzhou: "Jingji fazhan zhong de rencai weiji, Shanghai jingji lei rencai de xiankuang yu xuqiu qushi" (Die Krise des Fachpersonals in der wirtschaftlichen Entwicklung - Situation und Tendenzen von Angebot und Nachfrage in Shanghai), in: *Renkou* 3/1985, Shanghai 1985, S.12-16

Zhang Xinxin, Sang Ye: *Beijingren, Yi bai ge putong ren de zishu* (Pekingmenschen, Selbstdarstellung von 100 gewöhnlichen Menschen), Shanghai 1986

Zhao Jian: "Gaige kaifang yu fanzui yufang" (Reform, Öffnung und Kriminalitätsvorbeugung), in: *Shehui* 6/1988, Shanghai 1988, S.18 f.

Zhejiang sheng jijingwei jingji yanjiusuo renkou ketizu (Demographiegruppe der Provinz Zhejiang): "Nongcun laodongli zhuanyi guocheng zhong de jianye wenti" (Probleme der Doppelbeschäftigung im Prozeß des Beschäftigungswandels der ländlichen Bevölkerung), in: *Jingji yanjiu ziliao* 11/1988, Beijing 1988, S.45-52

Zhejiang sheng nongdiaodui (Landwirtschaftsuntersuchungsgruppe der Provinz Zhejiang): "Dui Zhejiang nongmin zhifu luzi de chubu tantao" (Zhejiangs Bauern auf dem Weg zum Reichtum), in: *Zhongguo nongmin shouru yanjiu*, Taiyuan 1987, S.172-187

Zheng Guizhen, Chen Yuexin: "Woguo nüxing zaiye renkou zhuangkuang chu xi" (Analyse der Situation weiblicher Beschäftigter in China), in: *Renkou* 3/1986, Shanghai 1986, S.16-20

Zheng Guizhen, Chen Yuexin, Gu Donghui: "Shanghai shi renkou yu gonggong jiaotong de guanxi chu xi" (Zur Beziehung von Bevölkerung und öffentlichem Verkehr in Shanghai), in: *Renkou* 1/1987, Shanghai 1987, S.47-49

Zheng Guizhen, Guo Shenyang, Zhang Yunfan, Wang Jufen: "Shanghai shi liudong renkou diaocha chu xi" (Shanghais nichtansässige Bevölkerung), in: *Fuyin baokan ziliao (Renkouxue)* 6/1985, Beijing 1985, S.22-24

Zheng Guizhen, Liu Xian, Zhang Yunfan, Wang Jufen: "1985 nian yu 1984 nian Shanghai shiqu liudong renkou de bijiao fenxi" (Vergleichende Analyse der Wanderbevölkerung im Stadtgebiet Shanghais 1984 und 1985), in: *Renkou* 2/1986, Shanghai 1986, S.1-4

Zheng Guizhen, Wang Shuxin: "Zhongguo Beijing, Shanghai liang ge teda chengshi liudong renkou diaocha fenxi" (Untersuchung der Migrationsbevölkerung in Beijing und Shanghai), in: *Zhongguo renkou nianjian 1987*, Beijing 1987, S.485-490

Zheng Guizhen, Zhang Yunfan, Guo Shenyang, Wang Jufen: "Chengshi jingji gaige zhong de yi xiang zhongyao renkou wenti liudong renkou" (Wanderbevölkerung ein wichtiges Bevölkerungsproblem infolge der Reform der städtischen Wirtschaft), in: *Renkou* 2/1985, Shanghai 1985, S.28-30

Zhong Sheng: "Shengchan zerenzhi hou funü de shengyu yiyuan, 1983 nian Chu xian chouyang diaocha" (Der Geburtenwunsch bei Frauen nach der Einführung des Produktionsverantwortungssystems, Eine Stichprobenerhebung im Kreis Chu/Anhui 1983), in: *Renkou* 2/1986, Shanghai 1986, S.28-31

Zhongguo chengshi jiating (Die städtische Familie in China), Jinan 1985

Zhongguo renkou, Anhui fencong (Die Bevölkerung Chinas, Provinz Anhui), Beijing 1987

Zhongguo renkou, Jiangsu fencong (Die Bevölkerung Chinas, Provinz Jiangsu), Beijing 1987

Zhongguo renkou, Shanghai fencong (Die Bevölkerung Chinas, Shanghai), Beijing 1987

Zhongguo renkou, Zhejiang fencong (Die Bevölkerung Chinas, Provinz Zhejiang), Beijing 1988

Zhongguo renkou dili (2 Bde) (Bevölkerungsgeographie Chinas), Shanghai 1984

"Zhonghua Renmin Gongheguo hukou dengji tiaoli" (Bestimmungen über die Haushaltsregistrierung der Volksrepublik China) (9.Januar 1958), in: *Zhongguo renkou nianjian 1985*, Beijing 1986, S.83-85

Zhonggong Wuxi shiwei zhengce yanjiushi (Politische Forschungsgruppe des Stadtparteikomitees von Wuxi) (Hrsg.): *Wuxi nongcun jingji fazhan de suoying* (Abriß der Entwicklung der ländlichen Ökonomie Wuxis), Beijing 1985

Zhou Junhong: "Jiangsu sheng Yancheng renkou san da qushi" (Drei Haupttendenzen der Bevölkerungsentwicklung in Yancheng, Provinz Jiangsu), in: *Renkou* 1/1986, Shanghai 1986, S.27-29

Zhou Junhong: "Liudong renkou jihua shengyu zhuangkuang diaocha" (Untersuchung über die Situation der Geburtenplanung unter der Migrationsbevölkerung), in: *Renkou* 1/1988, Shanghai 1988, S.37-39

Zhou Qicheng, Du Wenzhen: "Woguo nongye renkou feinongye renkou zhuanhua sudu de taolun" (Die Migrationsgeschwindigkeit landwirtschaftlicher zu nichtlandwirtschaftlicher Bevölkerung), in: *Di si ci quan guo renkou kexue taolunhui lunwen xuanji*, Beijing 1986, S.205-213

Zhou Qiren, Deng Yingtao, Bai Nansheng: "Tudi zhuanbao de diaocha he chubu fenxi" (Untersuchung und erste Analyse der Bodenübertragung), in: *Nongcun, Jingji, Shehui* Bd.3, Beijing 1985, S.10-16

Zhou Qiren, Liu Chang: "Shazhou xian jingji wutai shang de qiye he zhengfu" (Unternehmen und Regierung auf der ökonomischen Bühne des Bezirks Shazhou), in: *Nongcun, Jingji, Shehui* Bd.4, Beijing 1986, S.168-177

Zhu Baoshu: "Shanghai jiaoqu de guosheng nongcun laodongli zhuanyi yu chengzhenhua wenti" (Der Beschäftigungswandel der ländlichen Überschußbevölkerung in Shanghais Außenbezirken und Probleme der Verstädterung), in: Hu Huanyong (Hrsg.): *Renkou yanjiu lunwenji* Bd.3, Shanghai 1985, S.298-309

Zhu Baoshu: "Nongye renkou jiudi zhuanyi dui cheng xiang renkou kongzhi de yingxiang" (Der Einfluß örtlicher Mobilität landwirtschaftlicher Bevölkerung auf die Kontrolle der städtischen und ländlichen Bevölkerung), in: *Di si ci quan guo renkou kexue taolunhui lunwen xuanji*, Beijing 1986, S.156-161

Zhu Baoshu: "Shanghai jiaoqu nongcun laodongli de zhuanyi taishi ji wenti tantao" (Diskussion der Situation der migrierten ländlichen Arbeitskräfte in Shanghais Außenbezirken), in: *Renkou* 2/1987, Shanghai 1987, S.1-5

Zou Nongjian: "Yi gong yi nong jieceng de xingcheng ji qi tedian" (Bildung und Besonderheiten der Schicht der Doppelerwerbstätigen), in: *Renkou yanjiu* 2/1987, Beijing 1987, S.14-18

Literatur in westlichen Sprachen:

Bray, Francesca: *The Rice Economies, Technology and Development in Asian Societies*, Oxford 1986

Chen Ruiming: "A Preliminary Analysis of the 'Big labour-hiring households'", in: Nolan, Peter/Dong Furen (Hrsg.): *Market Forces in China, Competition and Small Business: The Wenzhou Debate*, London 1990, S.140-155

China News Analysis Nr.1251, Hongkong 1984, "Meanwhile, back on the farm ..."

China News Analysis Nr.1380, Hongkong 1989, "Rural Enterprises in China: Too many, too soon?"

China News Analysis Nr.1381, Hongkong 1989, "The Chinese Family in Transition"

China News Analysis Nr.1392, Hongkong 1989, "A New Wave of Unemployment"

Dong Furen: "The Wenzhou Model for Developing the Rural Commodity Economy", in: Nolan, Peter/Dong Furen (Hrsg.): *Market Forces in China, Competition and Small Business: The Wenzhou Debate*, London 1990, S.77-96

Fei Hsiao Tung et al.: *Small Towns In China, Functions, Problems & Prospects*, Beijing 1986

Greenhalgh, Susan: "Shifts in China's Population Policy, 1984 - 1986: Views from the Central, Provincial, and Local Levels", in: *Population and Development Review* 12, Nr.3, New York 1986, S.491-515

Greer, Charles E. (Hrsg.): *China Facts & Figures, Annual* Vol.12/1989, Gulf Breeze 1989

Honig, Emily: "Invisible Inequalities: The Status of Subei People in Contemporary Shanghai", in: *The China Quarterly* Nr.122, London 1990, S.273-292

Honig, Emily; Hershatter, Gail: *Personal Voices, Chinese Women in the 1980's*, Stanford 1988

Kojima Reeitsu: *Urbanization and urban problems in China*, Tokyo 1987

Li Shi: "The Growth of Household Industry in Rural Wenzhou", in: Nolan, Peter/Dong Furen (Hrsg.): *Market Forces in China, Competition and Small Business: The Wenzhou Debate*, London 1990, S.108-125

Liu Zheng, Song Jian & al.: *China's Population: Problems & Prospects*, Beijing 1981

Mizoguchi Toshiyuki, Wang Huiling, Matsuda Yoshiro: "A Comparison of Real Consumption Level Between Japan and People's Republic of China", in: *Hitotsubashi Journal of Economics* Nr.30, Tokyo 1989, S.15-29

Needham, Joseph: *Science and Civilisation in China*, Vol.6, Pt.II: *Agriculture* (by Francesca Bray), Cambridge 1984

Sha Jicai: "An Analysis of the Relationship Between the Education Attainment and Economic Status of the Elderly Population in the Towns and Cities of China", in: *China City Planning Review* 12/1990, Beijing 1990, S.52-59

Walder, Andrew G.: *Communist Neo-Traditonalism, Work and Authority in Chinese Industry*, Berkeley etc. 1986

Wall Jr., James A.; Blum, Michael: "Community Mediation in the People's Republic of China", in: *Journal of Conflict Resolution* 1/1991, Newbury Park 1991, S.3-20

Wong, Thomas T.: "The Salary Structure, Allowances and Benefits of a Shanghai Electronics Factory", in: *The China Quarterly* Nr.117, London 1989, S.135-144

Wu Dasheng, Zou Nongjiang, Ju Futian: "On Small Cities and Towns and the Coordinated Development Between Urban and Rural Areas", in: *China City Planning Review* 9/1989, Beijing 1989, S.3-24

Wu Huailian, Xia Zekuan: "The Investigation and Analysis of the Situation of the Outflowing Peasants in 24 Villages", in: *China City Planning Review* 12/1990, Beijing 1990, S.60-76

Yang Xiushi; Goldstein, Sidney: "Population Movement in Zhejiang Province, China: The Impact of Government Policies", in: *International Migration Review* No.24, 3/1990, New York 1990, S.509-533

Zhang Lin: "Developing the Commodity Economy in the Rural Areas", in: Nolan, Peter/Dong Furen (Hrsg.): *Market Forces in China, Competition and Small Business: The Wenzhou Debate*, London 1990, S.97-107

Zhang Qingwu: "Basic Facts on the Household Registration System", in: *Chinese Economic Studies* 1988, Vol.22, Nr.1, New York 1988

Zhang Tingting: "Jobless workers major concern of city congress", in: *China Daily - Shanghai Focus -* 18.02.1990

Zhao Renwei: "Income Differentials in the Development of Wenzhou's Rural Economy", in: Nolan, Peter/Dong Furen (Hrsg.): *Market Forces in China, Competition and Small Business: The Wenzhou Debate*, London 1990, S.126-139

Summary in English

The main objective of this study of the economic and political reforms in the People's Republic of China is to determine the demographic impacts on the reforms within the context of the demographic transition. By focusing the attention to regional developments in Eastern China, especially to the provinces of Zhejiang and Jiangsu on the one hand and to the metropolis of Shanghai on the other hand, the study describes the impacts which the emergence of the diverse rural contract responsibility systems has had on the composition of the rural workforce.

The politically and socially motivated registration system within the legislative framework issued in 1958 tried to control population movement. Therefore the pre-reform structure of the rural people's communes as well as that of the *danwei* in the cities were, at least in theory, closely related to state economic planning. The Chinese party state affected the daily life of the people in the cities and the countryside in a contradictory way. On the one hand, it carefully separated the rural from the urban population and tried to organize a political economy, in which the peasants had to subsidize at least the food supply of the urban workforce. On the other hand, the Party tried to overcome the separation of agriculture and industry by launching politically motivated mass campaigns. Over the time this form of social life frustrated even the most high-spirited producer, in the countryside as well as in the towns. The political orientation of both agricultural and industrial production formed a social character uninterested in anything but to ensure the basic needs. And the political structure of the economy was often unable to ensure even that.

With the balance of power becoming uncertain and society running into entropy, the Party recognized the need for changing the economy by allowing the peasants to organize production within a contractual framework, offering them a chance of profiteering from their own work. The decollectivization of rural production strengthened family-run agriculture by making the peasant household the centre of agricultural production. At the same time it became clear that the former politically organized production had created a large amount of agricultural surplus workforce, which the state had to control and to organize.

By looking at the provincial and local level of the reforms, this study tries to focus on mobility and migration as major phenomena of the current transition process of the Chinese society. Focusing on the regional conditions of population movements, the study describes the process of mobility and migration within the framework of the changing administrative structure of Chinese society. For Zhejiang Province, the general patterns of agricultural production are deter-

Summary

mined by a significantly low producer/land ratio. This general situation changed when the rural contract responsibility system took effect, allowing the rural communities to reorganize local production by spezialization on agricultural, handicraft and even industrial production.

There were changes in the way of land use, allowing gradual concentration of land on the part of specialized producers. At the same time, commune- and production brigade-run enterprises absorbed much of the rual surplus workforce. Depending on the structure of rural production, i.e. whether it is family-run handicraft production as in the Wenzhou area or rural industry as in the Shaoxing/Ningbo region, different patterns of mobility and migration developed. But as long as the rural workforce has to support itself with grain, most of the farmers were not prepared to leave the countryside without reinsurance. Therefore most of them were not willing to give up their fields of self-support (*kouliangtian*) and many not even their contract fields (*zerentian*). In the early period after the introduction of the household responsibility system the majority of labourers became concurrently engaged in agriculture and other occupations. Several forms of double engagement evolved, each form depending on local conditions. Chinese researchers tend to distinguish these forms on the basis of temporal or workforce conditions. With regard to temporal aspects, they distinguish between those being farmers and workers at the same time, spending part of the day in industry and engaging in agriculture after coming home in the evening. In addition, there were the seasonal workers. They spent most time of the year in the factory and came back to the countryside only during the harvest seasons, their factories often being closed during harvest times. With regard to workforce aspects, Chinese researchers distinguish the forms of double engagement on household basis; although being fulltime workers in the industry, most of the peasant workers had not given up their contract fields. The fields were cultivated by their families and not given back to the local administration for redistribution.

The forms of mobility and migration heavily depend on local conditions; in Zhejiang, two main types have developed, the Wenzhou type and the Shaoxing/Ningbo type. The Wenzhou type is characterized by family-based industry and handicraft, with a division of labour according to sex. Women and children became the producers of small handicraft goods, whereas the men engaged in trade. The Shaoxing/Ningbo type is characterized by the development of commune-run industry, with ties to other regions of the province or even the country as a whole.

Depending on the type of economic development, the forms of migration and the age, sex and educational composition of the migrants differ as well. The Shaoxing/Ningbo type is characterized by permanent migrants, being young males with a somewhat distinguished educational level, i.e. most of them have a primary school degree. It can be said that, while migrants to or between urban places are in the first place male, migration between rural places is predominently female. The predominance of females is due to a large volume of marriage migration, which is consistent with patrilocality in the patterns of Chinese marriage customs. As to the Wenzhou region, it is due to the underdeveloped family-based handicraft industry, which is not attractive for men.

As to Jiangsu Province, a threefold regional differentiation can be recognized. Sunan, the southern part of Jiangsu Province formerly known as the "land of rice and fish", is on the one hand characterized by a flourishing agricultural production with one of the world's highest crop output per acre, and on the other hand by an industrial development, which makes it one of China's fastest growing industrial regions. Since the Third Plenary Session of the Eleventh CCP Central Committee in 1978, remarkable changes in the structure of the rural workforce have taken place. Rural industries now provide large numbers of jobs for rural surplus labour; on an established basis of collective economy, industrial and agricultural labour became combined in many families, making most of them agro-industrial households.

With regard to Sunan, Chinese researchers distinguish four types of mobility: daily commuters, seasonal peasant workers, peasant workers living apart from their rural families in a town, and a somewhat amorphous type of household living in the countryside but getting its income by doing several kinds of non-agricultural work. According to Chinese studies most of the Sunan mobile workforce belong to the first and the fourth type, indicating the density of industrial development even in the countryside. In Wuxi County, there was already a net immigration not only from other nearby counties but also from Central and Northern Jiangsu regions or even from other provinces. This net migration causes concern for the local administration because there still exist problems of competency for household registration within the local bureaucracy. As sample surveys of migrant women workers of marriage age have shown, most of these women married before the legal marriage age or were not even married, when they gave birth to a child.

For Suzhong and Subei, the central and northern parts of Jiangsu Province, the provincial government decided to adopt another kind of development strategy; as these regions traditionally lack a significant industrial infrastructure, the Communist Party tried to deal with the rural population pressure by reclaiming regions formerly not used for agriculture and by "export of labour". In several areas of Central and Northern Jiangsu, new land came under cultivation and incentives for settlement were given in the form of urban registration promises to the migrants. Achievements were also made in coastal areas, where people were given jobs in the newly established aquatic industries.

In the hinterland of Central and Northern Jiangsu Province, urbanization took the form of revitalizing the former *ji* - i.e. "fair" - structure of towns, giving the peasants an opportunity to enter the commodity market on a small scale but on their own account. Next to petty farming in the countryside, a growing labour market for ambulant trade and handicraft came into existence in the townships. According to sample surveys on rural surplus workforce entering the towns, about 10% of them engaged in trade and handicraft, while up to 50% of the migrant workers performed unskilled work on contract basis. Bus these sample surveys also showed that for almost 20% of the migrant workers no specification of their jobs after migration could be given, while about 8% remained farmers or fishermen even after migration and some 8% found employment in the transport sector.

As to Shanghai, the difference between its urban and its rural districts has to be taken into account. The population density in downtown Shanghai is very high, with an average density of about 20.000 persons/sqkm; especially the streets in old downtown Shanghai are overcrowded and daily commuting of about ten million Shanghainese using public transport causes concern for Shanghai Municipality. In addition to these ten million there are about four million rural commuters working in the city districts.

Since 1949, Shanghai Municipality has tried to develop a network of suburbs and satellite towns, each of them with a distinct industry, ranging from chemical industry, iron and steel industry to automobile industry. Although these satellite towns provide employment for many people, they are, for various reasons, not very attractive to most of the people. In general opinion, the satellite towns lack an attractive infrastructure and people are complaining about traffic problems, missing cultural activities and problems with food quality and food distribution. The sex ratio of 113 : 100 - in Wujing and Jing'an it is even higher - also contributes to this image, especially for the young men. Therefore the high rate of rural migrant workers directly entering the city's labour market is no surprise.

Since Shanghai introduced the rural contract responsibility system in 1983, there has been a sharp decline of people engaged in agriculture - from 58,5% in 1982 to 39,6% in 1985 -, while at the same time, more and more former peasants began to engage in the industrial, trade and service sectors. As a result, rural cooperatives complain of a lack of workforce in the countryside, especially during harvest seasons. In the late eighties, there even was to be observed immigration

Summary

of peasants from other provinces filling the gap between demand and supply of the rural agricultural workforce, because the majority of the young Shanghainese rural workers do not want to work in agriculture any longer.

The sex ratio for total Shanghai in 1983 was about 99,3 : 100; taking into consideration that it was 102,8 : 100 in the city districts, an increasing rate of - especially older - female population in rural districts will be the result of further migration.

Problems will arise with regard to the care of the elderly not only in the countryside. The impacts of industrialization on the family structure have called the attention of Chinese researchers and politicians to the status of the elderly population. Formerly based on a rigid family-oriented moral system, social security for the elderly causes more and more problems, when families tend to become nuclear families. Yet some Chinese economists call for a rigid dismantling of the *danwei*'s social security system. To strengthen their national as well as international competitiveness, companies should abandon the social costs, they argue. But up to now, no other social institution of social insurance has been established.